XXL HEISSLUFTFRITTEUSE
REZEPTBUCH

2025

XXL Heissluftfritteuse Rezeptbuch: 300 leckere und gesunde Airfryer Rezepte | Das größte Heissluftfritteuse Kochbuch mit Nährwertangaben & Tipps | BONUS: Vegan, Vegetarisch, LowCarb +Partyrezepte

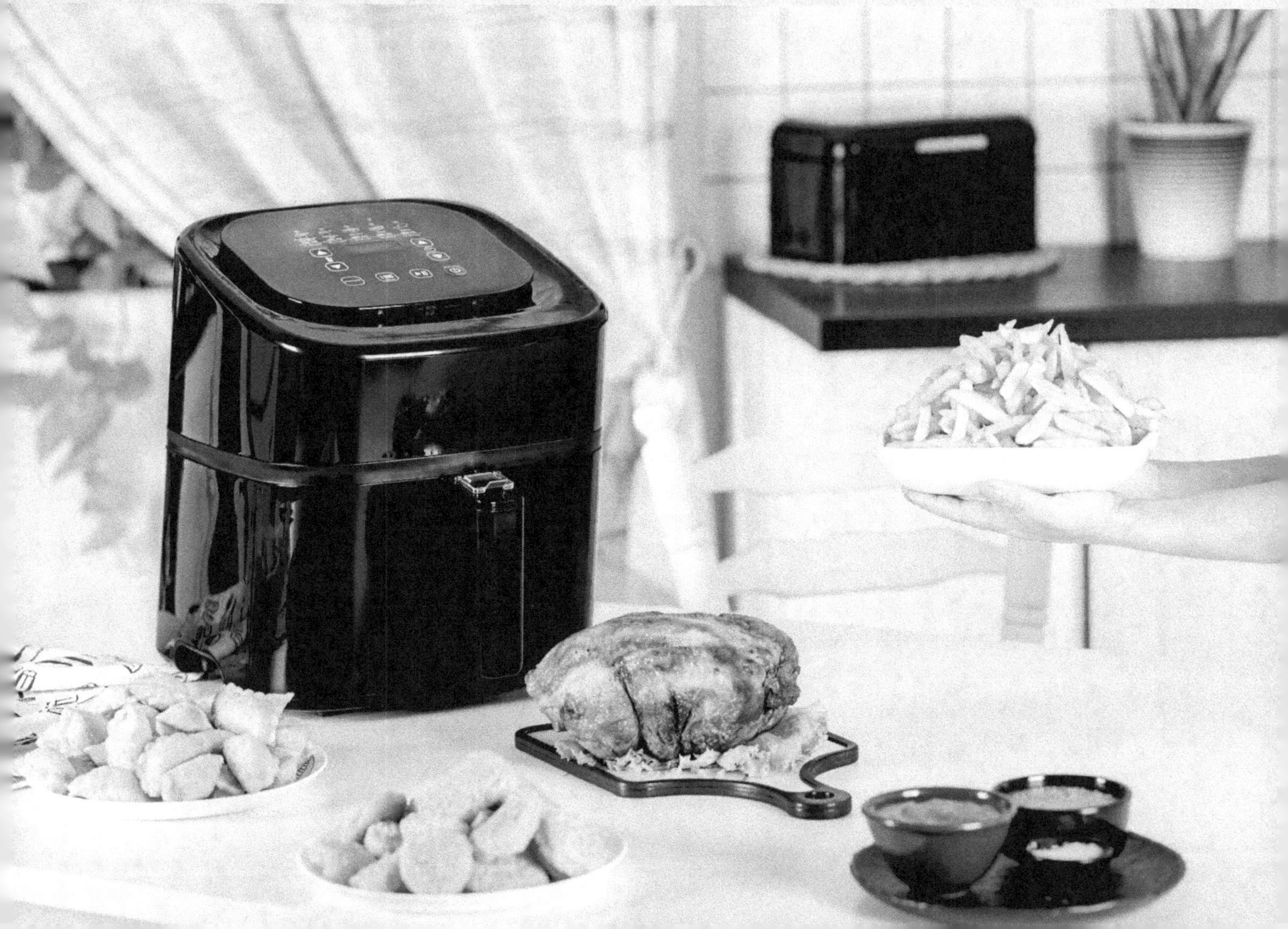

KOSTENFAKTOR FARBIGE BILDER

Bevor es zu dem Rezeptbuch geht, möchte ich Ihnen erklären, warum das Buch leider nur in Schwarz-weißem Inhalt gedruckt wurde. Dies tut uns sehr leid und wir würden uns so sehr wünschen, Ihnen eine farbige Version bereitzustellen. Leider macht es uns Amazon aufgrund der Produktionskosten unmöglich, dies zu tun und man hat auch keine wirkliche Möglichkeit, in Amazon einen eigenen Verlag und Druckerei zu betreiben. **Die Produktionskosten für dieses Buch in Farbe würden genau 20,80€** betragen und dies können wir natürlich für unsere Leser nicht verantworten. Dies kann jeder mit dem Amazon KDP Rechner direkt ausrechnen lassen.

Sie werden genau deswegen aktuell kaum ein Buch mit 200 Seiten in Farbe auf dem Amazon Shop finden. Amazon ist vollständig für den Druck und Versand zuständig. Falls die Qualität schlechter sein sollte als gewohnt, bitten wir Sie, uns zu kontaktieren, damit wir Ihnen ein neues Buch zustellen lassen können: kontakt@cookforfun.de.

Als kleinen Trost haben wir uns gedacht, Ihnen am Ende des Buches **den exklusiven Link zum vollständigen Buch und einen QR-Code anzuhängen.** Weiterhin haben wir Ihnen **alle Bilder in einem Ordner gepackt und diese nach Seitenanzahlen beschriftet.** Sie finden auch exklusive Bilder, die in diesem Taschenbuch nicht vorhanden sind.

Rechner

Die Werte, die mit diesem Tool berechnet werden, sind lediglich Schätzwerte. Ihre tatsächlichen Tantiemen werden beim Einrichten Ihres Buchs berechnet.

Buchtyp	Taschenbuch
Inhalts- und Papiertyp	Inhalt in Premiumfarbe mit weißem Papier
Seitenanzahl	198
Shop	Amazon.de
Listenpreis	9.99

Berechnen

Shop	Listenpreis	Mindestlistenpreis	Druck	Geschätzte Tantiemen
Amazon.de	€9.99 EUR	€20.80 EUR	€12.48 EUR	€0.00

Wenn die geschätzten Tantiemen €0.00, betragen, ist der Listenpreis nicht hoch genug, um Tantiemen zu generieren.

Essen Sie gerne Pommes und andere frittierte Köstlichkeiten? Wir auch! Doch welche Möglichkeiten gibt es, Lebensmittel zu frittieren und den hervorragenden Geschmack zu genießen, ohne **Unmengen an Fett oder Öl?** Bis vor Kurzem gab es leider keine.

Heißluftfritteusen haben das Frittieren inzwischen allerdings neu erfunden und bieten eine willkommene Alternative zur ungesunden Fett-Fritteuse.

Wenn Sie auch zu den Leuten gehören, die frittiertes Essen lieben und sich ständig anhören müssen, wie ungesund das sei, dann sind Sie hier genau richtig!

Wir beschäftigen uns im Folgenden intensiv mit dem **Thema Heißluftfritteusen** – Dem Weg, herzhaftes frittiertes Essen zu genießen, mit nur sehr wenig bis komplett ohne Öl oder Fett!

Die Lebensmittel behalten in der Heißluftfritteuse sowohl ihren natürlichen Geschmack als auch ihre organische Farbe und sind ideal als Basis für eine **vitaminreiche und gesunde Ernährung.** Der Traum von Pommes in der Diät wird somit greifbar und muss keine Vorstellung mehr bleiben.

WIE FUNKTIONIERT EINE HEISSLUFTFRITTEUSE?

Die Heißluftfritteuse ist – auch wenn sie so heißt – keine Fritteuse, sondern vielmehr ein **Heißluftofen** und funktioniert ähnlich wie der Backofen mit Umluft. Eine **Heizspirale** erhitzt die von außen **angezogene Luft** auf die gewünschte Temperatur. Über einen oder sogar mehrere kleine **Ventilatoren** wird die heiße Luft in das Gerät befördert und zirkuliert dort aufgrund der ausgeklügelten Bauweise unaufhörlich umher. Die Lebensmittel in der Heißluftfritteuse werden in dieser heißen Luft „gebadet", bis der gewünschte Garpunkt erreicht ist. Auch der Vergleich mit einem Power-Föhn ist zulässig. Dieses Heißluftbad erfordert anders als bei der klassischen Fritteuse **keine Zugabe von Öl.** Stattdessen wird bei den meisten Speisen das auf natürliche Weise vorhandene Fett genutzt. Möchte man bestimmte Produkte besonders knusprig haben, kann dies durch die Unterstützung eines Esslöffel Öls erreicht werden.

DIE VORTEILE EINER HEISSLUFTFRITTEUSE

- Speisen lassen sich mit deutlich weniger Fett zubereiten (bis zu 80 Prozent Ersparnis) und sind damit sehr viel kalorienärmer als üblich.

- Aufgrund des Wegfalls von Fett behalten die Speisen ihren natürlichen Geschmack und auch ihre ursprüngliche Farbe.

- Das Vorheizen entfällt in den meisten Fällen.

- Die Heißluftfritteuse ist enorm vielseitig: In ihr kann frittiert, gebacken, gebraten, gegrillt, geröstet und aufgetaut werden.

- Anders als beim Frittieren entsteht beim Zubereiten in der Heißluftfritteuse kein oder kaum krebserregendes Acrylamid.

- Die Bedienung der meisten Heißluftfritteusen ist sehr simpel gehalten und somit intuitiv möglich.

- Küche und Wohnung riechen nach dem Frittieren nicht mehr tagelang wie ein ungepflegter Imbiss.

- Im Vergleich zum deutlich geräumigeren Backofen ist die Heißluftfritteuse aufgrund der optimalen Ausnutzung des gesamten Garraums viel energieeffizienter.

- Heißes Fett ist ein hohes Sicherheitsrisiko, da es schnell in Brand geraten kann und sich nur schwer löschen lässt.

- Es muss nicht mehr literweise gebrauchtes, ranziges Fett entsorgt werden.

SCHRITT FÜR SCHRITT ANLEITUNG:

1. Wenn Ihre Fritteuse neu ist, reinigen Sie sie. Entfernen Sie den Korb und die Pfanne zusammen mit allen Zubehörteilen und waschen Sie sie mit Seife und Wasser. Verwenden Sie ein feuchtes Papiertuch, um die Außen- und Innenseite der Fritteuse zu reinigen. Trocknen Sie alle Komponenten ab und machen Sie sich mit den Anweisungen vertraut.

2. Als Nächstes sollten Sie die Lebensmittel vorbereiten. Schneiden Sie dafür die Lebensmittel in gleich große Stücke, damit sie gleichmäßig zubereitet werden. Dann die Lebensmittel trocken tupfen. Denn überschüssige Flüssigkeit fördert die Rauchbildung.

3. Bei Bedarf vorheizen.

4. Das Essen in den Garkorb geben. Je nach Hersteller benötigen Sie zum Backen eine Backform oder zum Grillen spezielles Zubehör. Mehr dazu im Kapitel „Weitere Informationen zu den Rezepten".

5. Nun stellen Sie abhängig von den Rezeptanweisungen Gartemperatur und Zeit ein. Manche Rezepte erfordern es, dass nach Erreichen der Hälfe der Garzeit die Lebensmittel einmal durchgeschüttelt oder gewendet werden. Bei Modellen mit einem Rührelement wie Tefal ActiFry müssen Sie dies natürlich nicht tun.

DIE MAILLARD REAKTION

Die Entdeckung der Gar-Reaktionen geht auf den französischen Wissenschaftler Louis Camille Maillard (1878-1936) zurück. Er fand Anfang des 20. Jahrhunderts heraus, dass Zucker und Aminosäuren bei Temperaturen ab circa 140 Grad miteinander reagieren und neue Stoffverbindungen eingehen. Sie spielt bei der Heissluftfritteuse eine große Rolle.

Der Begriff „Maillard-Reaktion" bezeichnet zahlreiche komplexe chemische Vorgänge ohne Enzymeinwirkung. Lebensmittel wie Fleisch und Backwaren werden beim Heißluftfrittieren gebräunt und aromatisiert – Röstaromen bilden sich, sie sorgen für den typischen Geruch und Geschmack. Ohne diese Reaktion beim Garen würden viele Lebensmittel viel langweiliger schmecken.

TIPPS FÜR DAS ZUBEREITEN MIT EINER HEISSLUFTFRITTEUSE

Sprühen Sie das Öl: Heißluftfritteusen können komplett ohne Öl nicht wirklich frittieren, Sie benötigen dafür nur einen Bruchteil von dem, was eine klassische Fritteuse braucht.

Für den besseren Geschmack sollten Sie noch vor dem Frittieren etwas Öl auf Deine Pommes geben. Viele verteilen einfach das Öl mit einem Esslöffel. Das ist natürlich eine Möglichkeit, es zu machen, aber es verteilt sich nicht so schön gleichmäßig.

Ich habe herausgefunden, dass ich durch das Versprühen von Öl sogar weniger brauche, als das Rezept mir rät.

Schenken Sie sich das Vorheizen: Vielleicht für den ein oder anderen nicht so wichtig, aber für Leute, die etwas Zeit sparen möchten, durchaus eine Möglichkeit.

Bei den meisten Rezepten müssen Sie die Heißluftfritteuse auf 180 °C vorheizen, bevor Sie das Essen in die Pfanne geben können. Das Vorheizen kostet dabei normalerweise 4 bis 5 Minuten. Aber Sie können diesen Schritt auch komplett überspringen und dafür einfach 2 Minuten an das Ende der angegebenen Kochzeit hängen.

Spare Zeit bei der Reinigung: Die meisten Heißluftfritteusen sind spülmaschinenfest, wodurch die Reinigung sehr einfach ist. Aber wenn Sie allein leben wie ich, schmeißen Sie die Spülmaschine vielleicht nur jeden zweiten Tag an. Das bedeutet, dass wir die Pfanne und Einschub per Hand säubern müssen, wenn wir diese öfters benutzen möchten.

Ich habe herausgefunden, dass man die Reinigung etwas verzögern kann, indem man den Boden der Heißluftfritteuse mit Aluminiumfolie auslegt und das Essen darauflegt. Natürlich klappt das nicht bei allen Speisen und auch nicht, wenn Sie das Gerät bis oben hin vollmachen möchten. Aber wenn Sie, wie ich, schnell mal ein paar Würstchen oder Chicken-Wings kochen möchten, funktioniert der Trick sehr gut und spart den Abwasch. Einfach die Alufolie nach dem Kochen wegschmeißen und die Pfanne sieht aus wie neu!

REINIGUNG UND PFLEGE DER HEISSLUFTFRITTEUSE

Zugegeben, den Airfryer richtig sauber zu halten, erscheint erst mal schwierig. Dabei ist eine ordentliche Reinigung aber extrem wichtig. Die herausnehmbaren Teile des Airfryers sind ja ohnehin Geschirrspüler geeignet und daher kaum ein Problem. Aber wer sich die über dem Grillkorb liegende Heizspirale mal genauer angesehen hat, wird bemerkt haben, dass hier eindeutig eine Schwachstelle des Airfryers ist. Bei meinem

ersten Versuch waren Wattestäbchen, Grillreiniger, Fettreiniger, Putzschwämme und Drahtwaschel im Einsatz. Dabei ist das überhaupt nicht nötig!

Der Airfryer reinigt sich nämlich (fast) von alleine!

Man füllt die Wanne – ob mit oder ohne Korb spielt keine Rolle – dreiviertel voll mit Wasser. Dann nimmt man den Saft von zwei, drei Zitronen und fügt Zitronensaft und ausgepresste Zitronen dem Wasser zu. Der Airfryer wird dann eingeschaltet – volle Pulle! – und für mindestens 20 Minuten erhitzen lassen. Ich lasse ihn meistens länger laufen, weil ich diese Prozedur nur alle paar Wochen mal durchführe. Der entstehende Wasserdampf und die Enzyme der Zitrone machen die festsitzenden Fettreste leicht lösbar. Diese müssen dann nur noch mit einem Tuch abgewischt werden.

Kein ungutes Gefühl mehr, weil man mit der chemischen Keule gearbeitet hat und trotzdem strahlend sauber!

INFORMATIONEN ZU DEN REZEPTEN

Einige Modelle benötigen zum Backen oder Grillen zusätzliches Zubehör, weshalb Ihnen die nachfolgende Liste helfen wird dies festzustellen:

- **Tefal ActiFry Modelle:** Diese Heissluftfritteuse benötigt kein zusätzliches Zubehör zum Backen oder Grillen. Da jedoch das Rührelement nicht entfernbar ist, wird sich das Backen schwieriger gestalten. Wir empfehlen Ihnen deshalb den Teig um die Rühreinheit auszulegen.

- **Delonghi MultiFry Modelle:** Die Modelle von Delonghi benötigen zum Backen oder Grillen keinerlei Zubehör. Da im Gegensatz zu Tefal ActiFry das Rührelement entnehmbar ist, kann man damit problemlos backen und braten.

- **Bagotte XL Heißluftfritteuse:** Diese Heissluftfritteuse benötigt kein Zubehör zum Backen oder Grillen.

- **Philips AirFryer Modelle:** Die Philips Heissluftfritteuse setzen für das Backen und Braten jeweils unterschiedliches erhältliches Zubehör voraus.

  - Für die XXL Modelle benötigen Sie zum Backen diese Philips Backform. Für das Grillen dagegen brauchen Sie das Philips Grill-Kit HD9951/00 Grillrost & Spieße. Wollen Sie dagegen Pizza backen, dann sollten Sie das Philips HD9953/00 Pizza-Kit erwerben.

  - Für die XL Modelle benötigen Sie zum Backen das Philips HD9912/90 Backblech. Fürs Braten dagegen sollten Sie den Philips HD9911/90 Grillpfanneneinsatz erwerben.

- **Restliche Heißluftfritteusen:** Für alle anderen Heißluftfritteusen Modelle werden Sie höchstwahrscheinlich spezielles Zubehör benötigen.

  - Für Heißluftfritteusen, mit ungefähr 3,2 Liter Fassungsvermögen, eignet sich das Zubehör-Kit von Surophy bestens. Darin befinden sich Backformen, Grillrost, Pizzateller und einen Korbtrenner.

  - Ein ähnliches Zubehör-Kit ist für größere Modelle mit 5-6L von Innsky erhältlich.

In unseren Rezepten beziehen wir uns bezüglich Temperatur und Zeitangaben nur auf Geräte mit verstellbarer Temperatur. Es gibt jedoch Modelle wie von Delonghi oder Tefal, bei denen sich die Gartemperatur nicht oder eingeschränkt verstellen lässt. Im Nachfolgenden finden Sie deshalb eine umfangreiche Gartabelle, die Ihnen helfen wird, die entsprechenden Einstellungen vorzunehmen und die Garzeiten anzupassen. Weitere Informationen finden Sie natürlich in der Bedienungsanleitung des Herstellers.

HEISSLUFTFRITTEUSE GARZEITEN-TABELLE

Rezept	Geräte mit Temperatureinstellung	Delonghi Modelle	Tefal ActiFry Modelle
1kg gefrorene Pommes frites	20min bei 180°C	28min bei Stufe 3	28min
1kg frische Pommes frites	30min bei 180°C	30minbei Stufe 3	35min
1kg Kartoffelecken	30min bei 180°C	30min bei Stufe 3	37min
750g Hähnchennuggets	13min bei 180°C	18min bei Stufe 3	15min
Frühlingsrollen	15min bei 180°C	17min bei Stufe 3	19min
Hähnchenbrust	20min bei 180°C	34min bei Stufe 3	22min
Hähnchen-Unterschenkel	25min bei 180°C	40min bei Stufe 3	30min
Hähnchenkeulen	15min bei 180°C	45min bei Stufe 3	35min
Hamburger	12min bei 200°C	15min bei Stufe 3	18min
Fleischkoteletts	13min bei 200°C	23min bei Stufe 3	22min
Würstchen	13min bei 200°C	24min bei Stufe 3	18min
Schalentiere	20min bei 200°C	18min bei Stufe 2	13min
Kuchen	28min 180°C	45min bei Stufe 2	30min
Bananen	6min bei 150°C	10min bei Stufe 2	6min

MASSEINHEITEN UND MENGENANGABEN

Mit 1 Tasse sind in der Regel 150 ml-Tassen gemeint. Je nach Zutat entspricht eine Tasse unterschiedlich viel Gramm.

- Flüssige Zutaten (Milch, Saft, Wasser, Sahne) = 150 g
- Honig und Konfitüre = 200 g
- Weizenmehl = 100 g
- Zucker = 150 g
- Kakaopulver = 90 g
- Speisestärke = 90 g
- Gemahlene Nüsse oder Mandeln = 70 g
- Öl = 120 g
- Puderzucker = 100 g

Bei der Maßangabe Eßlöffel (EL) sind grundsätzlich Löffel mit einem Volumen von 15 ml gemeint.

- 1 gestrichener EL Mehl = 10 g
- 1 gestrichener EL Zucker = 15 g
- 1 gestrichener EL Kakao = 6 g
- 1 gestrichener EL Öl = 12 g
- 1 gestrichener EL Salz = 15 g
- 1 gestrichener EL Speisestärke = 10 g
- 1 EL weiche Butter = 10 g
- 1 gestrichener EL gemahlener Mohn = 10 g
- 1 gestrichener EL gemahlene Mandeln = 6 g

Bei der Maßangabe Teelöffel (TL) wird von einem Volumen von 5 ml ausgegangen.

- 1 gestrichener TL Zucker = 5 g
- 1 gestrichener TL Salz = 5 g
- 1 gestrichener TL Speisestärke = 3 g
- 1 gestrichener TL Kakao = 2 g

Freuen Sie sich nun auf unsere 300 Rezepte und Inspirationen für Ihre Heissluftfritteuse und das mit einem Gefühl, dem Körper auch etwas Gutes zu tun.

INHALTSVERZEICHNIS

Frühstück — 22

Fische & Meeresfrüchte 58

Geflügelgerichte   72

Vegetarisch 103

Vegane Rezepte   113

Kurze Zubereitungszeit   122

Desserts/Nachspeise — 137

Low Carb Rezepte: Frühstück — 155

Low Carb Rezepte: Fisch — 161

Low Carb Rezepte: Fleisch — 168

Schlusswort | 185

FRÜHSTÜCK

BAGELS MIT HEIDELBEEREN

VORBEREITUNG: 10 MINUTEN – **ZUBEREITUNG:** 10 MINUTEN **Vegetarisch & Schnell**

Sehr einfach und mit wenigen Zutaten zubereitet. Perfekt für den Start in den Tag. Auch mit anderen Trockenfrüchten kombinierbar.

 ## Zutaten

160°C Backen

- ½ Tasse Mehl
- ½ Tasse griechischer Joghurt
- ½ Tasse getrocknete Heidelbeeren
- 1 Ei
- 1 EL Wasser
- 1 EL Butter

 ## Anweisungen

1. In einer großen Schüssel Mehl und Joghurt mischen. Mit einem Holzlöffel verrühren, bis ein klebriger Teig entsteht.
2. Auf eine bemehlte Fläche geben und zu einer Kugel rollen.
3. Teig flach drücken und mit Heidelbeeren bestreuen.
4. Teig kneten, bis die Heidelbeeren eingearbeitet sind.
5. In 2 Stücke teilen und jeweils zu einem Bagel formen.
6. Ei und Wasser in einer Schüssel verquirlen.
7. Bagels damit verstreichen und in der Heissluftfritteuse für 10 Minuten bei 160°C backen.
8. Mit geschmolzener Butter bestreichen und servieren.

Kalorien: 182; **Fett:** 9g; **Kohlenhydrate:** 16 g; **Ballaststoffe:** 1g; **Protein:** 10g

BASIS MUFFIN REZEPT

MUFFINS: 15 - **VORBEREITUNG:** 10 MINUTEN – **ZUBEREITUNG:** 17 MINUTEN **Vegetarisch & Schnell**

Es gibt Muffins aus dem heißgeliebten, heißluftigen Aifryer. Das Rezept ist ein einfaches Rührkuchen-Grundrezept,

Zutaten

160°C Backen

- 200g Butter
- 200g Zucker
- 300g Mehl
- 4 Eier
- 1/2 Tütchen Backpulver
- Etwas Milch
- Wenn gewünscht etwas Kakao oder sämtliche andere Zutaten, auf die man Lust hat (Schokostreusel, Rosinen, Nüsse etc.)

Anweisungen

1. Alles mit einem Handmixer verrühren. Einen Esslöffel Teig in ein Silikonmuffinförmchen geben. Vorher mit etwas Butter auspinseln.
2. Je 4 bis 5 Muffins in den Airfryer geben und bei 160° ca. 17 Minuten backen. Das ganze etwa dreimal.

Kalorien: 572; **Fett:** 32g; **Kohlenhydrate:** 66 g;

Ballaststoffe: 3g; **Protein:** 8g

BLAUBEER MUFFINS

MUFFINS: 4 - **VORBEREITUNG:** 10 MINUTEN – **ZUBEREITUNG:** 12 MINUTEN **Vegetarisch & Schnell**

Leckere Muffins passend zu Ihrem Morgenkaffee. Mit Puderzucker versüßen.

Zutaten

180°C Backen

- ½ Tasse 550 Weizenmehl
- 1 Prise Salz
- ¼ Tasse Zucker
- 3 EL Pflanzenöl
- 1 Eiweiß
- 3 EL saure Sahne
- ½ TL Vanilleextrakt
- ¾ Backpulver
- ¼ Tasse Heidelbeeren
- Etwas Zitronenabrieb

2 Muffins: Kalorien: 456; **Fett:** 25g; **Kohlenhydrate:** 53g; **Ballaststoffe:** 1g; **Protein:** 6g

Anweisungen

1. In einer kleinen Schüssel Mehl, Backpulver und Salz verrühren.
2. In einer mittleren Schüssel Zucker und Öl verquirlen. Saure Sahne und Vanilleextrakt dazugeben und leicht umrühren.
3. Beide Schüsseln miteinander vermischen.
4. Heidelbeeren und Zitronenabrieb einarbeiten.
5. Teig gleichmäßig auf 4 Silikon-Muffinförmchen füllen.
6. 12 Minuten bei 180°C backen.

WALNUSS BROWNIE

Portion: 6 - **VORBEREITUNG:** 10 MINUTEN – **ZUBEREITUNG:** 20 MINUTEN Vegetarisch

Nach jeder harten Arbeit sollte man sich belohnen – bspw. mit unserem Walnuss Brownie! Achten Sie nur darauf, dass es ganz abkühlt, bevor es serviert wird.

Zutaten

Anweisungen

170°C Backen

- 80 g Butter oder Margarine
- 80 g dunkle Schokolade
- 2 Eier
- 1 Tasse Puderzucker
- 1 Tasse Mehl
- ½ Pckg. Backpulver
- 2 EL Kakao
- 2 EL grob gemahlene Walnüsse

1. Die Butter bei mittlerer Hitze schmelzen lassen. Anschließend vom Herd nehmen und mit der gehackten Schokolade mischen, bis die Schokolade schmilzt.
2. Eier und Puderzucker in einer Schüssel mit einem Mixer verrühren. Die geschmolzene Schokolade hinzufügen und weitermischen.
3. Mehl, Backpulver und Kakao in einer anderen Schüssel mischen und zu der flüssigen Schokoladenmischung dazugeben und verrühren. Den Teig in eine quadratische oder runde gefettete Kuchenform 15 x 15 cm geben.
4. Anschließend in die vorgeheizte Heißluftfritteuse für 20 Minuten bei 170°C backen.

Pro Portion: Kalorien: 400; **Fett:** 17,3g; **Kohlenhydrate:** 55,2g; **Ballaststoffe:** 1g; **Protein:** 8,2g

---

LAUCH PFANNKUCHEN

Portion: 4 - **VORBEREITUNG:** 20 MINUTEN – **ZUBEREITUNG:** 20 MINUTEN Vegetarisch & Gesund

Dieser Pfannkuchen ist ideal für Leute, die gerne ihr Frühstück durch etwas Gesünderes ersetzen wollen. Die Zutaten können nach Belieben auch mit Karotten oder Frühlingszwiebel ergänzt werden.

Zutaten

Anweisungen

2000°C Backen

- 2 Stangen Lauch (ca. 500 g)
- 2 Eier
- 2 EL Semmelbrösel
- ½ Tasse Mehl
- Salz
- Pfeffer

Pro Portion: Kalorien: 140;

Fett: 12g; **Kohlenhydrate:** 18g;

Ballaststoffe: 0,5g; **Protein:** 4,4g

1. Den Lauch putzen, längs aufschlitzen, gründlich waschen und in Streifen schneiden.
2. Anschließend in kochendem Wasser für 3 Minuten garen.
3. Mit kaltem Wasser abkühlen und das Wasser ausdrücken.
4. Den Lauch mit einem Messer feinhacken.
5. Eier in eine kleine Schüssel geben und mit der Gabel verrühren. Mehl, Salz, Pfeffer und Semmelbrösel hinzufügen.
6. Den gehackten Lauch hinzufügen und mischen.
7. Den Garkorb leicht einfetten und die Mischung portionsweise in der Heißluftfritteuse für 20 Minuten bei 200°C backen.

MINI FRITTIERTE TEIGRÖLLCHEN MIT KÄSE

Portion: 4(8 Stück) - **VORBEREITUNG:** 10 MINUTEN – **ZUBEREITUNG:** 12 MINUTEN Vegetarisch & Gesund

Die Füllung der Teigröllchen kann nach Belieben variiert werden. Unser Tipp ist eine Füllung mit Käse oder Kartoffel!

Zutaten

Anweisungen

200°C Backen

- 1 Teigblatt (Yufka)
- 100 g fettfreier Feta-Käse
- 1/2 Bündel Petersilie oder Dill
- 1/2 EL Öl

Pro Portion: Kalorien: 110; **Fett:** 3,1g;
Kohlenhydrate: 14,5g; **Ballaststoffe:** 1g;
Protein: 4g

1. Das Teigblatt in 8 gleichgroße dreieckige Stücke schneiden.

2. Den Käse in eine Schüssel geben, gehackte Petersilie oder Dill hinzufügen und mit einer Gabel zerkleinern und mischen.

3. Mit einem Teelöffel einen etwa walnussgroßen Haufen der Käsemischung in die Mitte der abgerundeten Seite setzen, dabei etwas Platz nach hinten lassen.

4. Einmal zur Spitze hineinschlagen, sodass die Füllung bedeckt ist, dann die langen Seiten zur Mitte hin einklappen und alles zur Spitze hin einrollen. Die Spitze der Rolle mit dem befeuchteten Finger "festkleben".

5. Mit einem Pinsel die Teigrollen einfetten und anschließend in die vorgeheizte Heißluftfritteuse für 12 Minuten bei 200°C backen.

WÜRZIGE FLEISCHBÄLLCHEN

Portion: 4 - **VORBEREITUNG:** 15 MINUTEN – **ZUBEREITUNG:** 15 MINUTEN Schnell & Gesund

Für den optimalen Geschmack rollen Sie die geformte Fleischbällchen in eine Folie ein und lassen Sie diese für eine halbe Stunde in dem Kühlschrank kühlen.

 **Zutaten**

200°C Backen

- 350 g Gehacktes
- 1 Zwiebel, klein gewürfelt
- 1-2 EL Paniermehl
- 2 TL Senf
- 1 Ei
- 1 EL Quark
- Salz/Pfeffer
- 1 EL Tomatenketchup
- Nach Belieben Kräuter untermischen oder geraspelte Möhre, Paprika klein geschnitten

Pro Portion: Kalorien: 465; **Fett:** 29,5g;

Kohlenhydrate: 1,5g; **Ballaststoffe:** 0g; **Protein:** 42g

 **Anweisungen**

1. Alle Zutaten in eine Schüssel geben und gut vermengen.
2. Mit feuchten Händen die kleinen Frikadellen formen.
3. Die Heißluftfritteuse auf 200 Grad vorheizen (ca. 2 Minuten).
4. Die Frikadellen in den Frittierkorb legen. Aber nicht übereinander!
5. Dann bei 200 Grad für 7 Minuten garen.
6. Die Frikadellen wenden und für weitere 5 Minuten in die Fritteuse geben.

ORANGEN MUFFINS

Portion: 4 - **VORBEREITUNG:** 15 MINUTEN – **ZUBEREITUNG:** 20 MINUTEN Vegetarisch

Der leckere Orangen-Muffin – eine Sünde mit gutem Gewissen.

 **Zutaten**

170°C Backen

- 2 Eier
- ½ Tasse Honig
- ½ Tasse Milch
- ½ Tasse frisch gepresster Orangensaft
- Abrieb von 1 Orange
- ¼ Tasse Öl
- ½ Pckg. Backpulver
- 2 Tassen Mehl

Pro Portion: Kalorien: 425; **Fett:** 14g; **Kohlenhydrate:** 38g; **Ballaststoffe:** 1,5g; **Protein:** 4g

 **Anweisungen**

1. Die Eier verquirlen und anschließend Öl, Milch, Honig sowie Orangensaft hinzufügen und weiter verquirlen. Das Backpulver und die geriebene Orangenschale dazugeben und weiter mischen, bis es die Konsistenz eines Kuchenteigs annimmt.
2. Den Teig in Muffin-Förmchen umfüllen.
3. Anschließend in die vorgeheizte Heißluftfritteuse für 20 Minuten bei 170°C backen.

HIMBEERGEBÄCK

GEBÄCK: 6 - **VORBEREITUNG:** 10 MINUTEN – **ZUBEREITUNG:** 10 MINUTEN Vegetarisch & Schnell

Zartes Gebäck mit frischen Himbeeren passend zu heißem Tee. Als Abwechslung auch Trockenfrüchte oder Schokolade verwenden.

Zutaten

200°C Backen

- 1 Tasse 550 Weizenmehl
- 2 ½ EL Butter
- 1 EL Zucker
- 1 ½ TL

Backpulver

- ¼ TL Salz
- ½ Tasse Milch
- ½ Tasse frische Himbeeren

1 Gebäck: Kalorien: 152; **Fett:** 6g;

Kohlenhydrate: 22g; **Ballaststoffe:** 1g;

Protein: 3g

Anweisungen

1. Backpapier in den Frittierkorb platzieren.
2. In einer Rührschüssel Mehl, Butter, Zucker, Backpulver und Salz mischen.
3. Zutaten mit sauberen Händen zu einer krümeligen Mischung verarbeiten.
4. Die Mitte der Mischung eindrücken und auf eine bemehlte Fläche geben.
5. Himbeeren in den Teig einarbeiten.
6. Teig zu einer Kugel formen und flach drücken.
7. In Stücke teilen und in den Frittierkorb legen. Mit Olivenöl einfetten.
8. 5 Minuten bei 200°C backen, umdrehen und weitere 5 Minuten backen.

MÜSLIRIEGEL

Portionen: 10 - **VORBEREITUNG:** 10 MINUTEN – **ZUBEREITUNG:** 45 MINUTEN Vegan

Zutaten

140°C Backen

- 100 g Haferflocken
- 100 g Dinkelflocken
- 100 g Hirseflocken
- 50 g Kokosöl
- 100 g getrocknete Ananasstückchen oder andere Trockenfrüchte
- 50 g Datteln, entkernt
- 50 g Haselnüsse, gehackt
- 50 g Mandelstifte
- 2 EL brauner Rohrzucker
- 6 EL Sesampaste
- 6 EL Agavendicksaft
- 1 Banane
- 1 Apfel
- ½ Zitrone / Saft

Kalorien: 336; **Fett:** 15g; **Kohlenhydrate:** 41g;

Ballaststoffe: 2g; **Protein:** 7g

Anweisungen

1. Legen Sie eine Backform mit Backpapier aus. Schneiden Sie die Trockenfrüchte klein. Zerdrücken Sie die Banane mit einer Gabel, schaben Sie den Apfel auf einer feinen Reibe. Erhitzen Sie (auf dem Herd in einer Kasserolle) das Kokosöl zusammen mit dem Zucker und dem Zitronensaft. Unter ständigem Rühren fügen Sie die Banane und den Apfel hinzu sowie den Agavendicksaft und rühren nach und nach etwas heißes Wasser ein.

2. Nun kommen die Getreideflocken, die Nüsse und Trockenfrüchte dazu. Vermischen Sie alles gut miteinander. Dann lassen Sie die Masse etwa 10 Minuten ruhen. Füllen Sie die Masse in die vorbereitete Backform, teilen sie mit einem Messer in Riegelform und backen sie 45 Minuten bei 140°C.

HART GEKOCHTE EIER

Portionen: 6 - **VORBEREITUNG:** 1 MINUTEN **– ZUBEREITUNG:** 15 MINUTEN Glutenfrei

Einfaches Rezept und eine großartige Möglichkeit, um mit dem Airfryer zu experimentieren. Als Eiersalat servieren. Bis zu 1 Woche im Kühlschrank haltbar.

Zutaten

120°C Backen

- 6 Eier

3 Eier: Kalorien: 219; **Fett:** 15g; **Kohlenhydrate:** 0g; **Ballaststoffe:** 0g; **Protein:** 18g

Anweisungen

1. Eier in den Frittierkorb legen und 15 Minuten lang bei 120°C kochen.
2. In der Zwischenzeit eine große Schüssel mit kaltem Wasser füllen.
3. Eier mit der Zange aus dem Frittierkorb entnehmen und ins Wasser geben. 5 Minuten lang ruhen lassen.
4. Schälen und servieren.

KÄSE-TOAST

Portionen: 1 - **VORBEREITUNG:** 5 MINUTEN **– ZUBEREITUNG:** 5 MINUTEN Vegetarisch

Ein einfaches Rezept zum Frühstück mit schmackhaftem Käse.

Zutaten

160°C Backen

- 2 EL geriebener Parmesan
- 2 EL geriebene Mozzarella
- 2 TL gesalzene Butter
- 10 Scheiben Jalapeño
- 2 Scheiben Sauerteigbrot
- ½ TL Pfeffer

Anweisungen

1. In einer Schüssel Mozzarella, Parmesan, Butter und Jalapeño zu einem Aufstrich mischen.
2. Jede Brötchenhälfte mit dem Aufstrich bestreichen.
3. Die Brotscheiben mit der Käseseite nach oben in den Frittierkorb geben und für 5 Minuten bei 160°C garen.

1 Portion: Kalorien: 135; **Fett:** 6g; **Kohlenhydrate:** 11g; **Ballaststoffe:** 0g; **Protein:** 7g

FRITTATA

Portionen: 6 - VORBEREITUNG: 10 MINUTEN – ZUBEREITUNG: 20 MINUTEN Schnell & Glutenfrei

Pikante Frittata individuell zubereitbar. Sie können Zutaten wie Chilischoten, Pilze und Co. hinzufügen.

Zutaten

180°C Backen

- 4 Eier
- 4 gekochte Frühstückswurst, gehackt
- 1 Tasse Cheddar
- ½ Tasse gewürfelte Paprika
- 1 gehackte Frühlingszwiebel
- 1 TL scharfe Sause
- ½ TL Salz
- ½ TL gemahlener Pfeffer

Anweisungen

1. Fritteuse vorwärmen und einfetten.
2. In einer Schüssel Eier, Wurst, Käse, Paprika, Frühlingszwiebel, scharfe Sauce, Salz und Pfeffer reingeben. Mit einem Schneebesen verrühren.
3. Mischung in den Frittierkorb legen und bei 180°C 20 Minuten backen.

Kalorien: 163; **Fett:** 13g; **Kohlenhydrate:** 3g; **Ballaststoffe:** 0g; **Protein:** 11g

---

GEGRILLTE KÄSESANDWICHES

Portionen: 2 - **VORBEREITUNG:** 5 MINUTEN – **ZUBEREITUNG:** 8 MINUTEN **Nussfrei & Sojafrei**

Variationstipp: Mit Mango-Chutney und Cheddar oder Marmelade und Camembert ausprobieren.

Rezeptfoto

Zutaten

180°C Backen

- 2 EL Mayonnaise
- 4 Brotscheiben
- 4 Scheiben Camemberts
- 4 Scheiben Rindersalami

Anweisungen

1. Alle Brotscheiben mit Mayonnaise bestreichen.
2. Jeweils 2 Scheiben in den Frittierkorb geben und mit Salami sowie Käse belegen.
3. 8 Minuten lang bei 180°C backen.

1 Scheibe: Kalorien: 243; **Fett:** 13g; **Kohlenhydrate:** 23g; **Ballaststoffe:** 1g; **Protein:** 11g

SCOTCH EGGS

Portionen: 4 - **VORBEREITUNG:** 20 MINUTEN – **ZUBEREITUNG:** 15 MINUTEN Nussfrei & Sojafrei

Dieses ausgewogene Frühstück ist der perfekte Start für die ganze Familie.

Rezeptfoto

Zutaten

200°C Backen

- 400g lose Rinderwurst
- 2 EL gehackte Petersilie
- 1 EL gehackter Schnittlauch
- 1/8 TL geriebene

Muskatnuss

- 1/8 TL Salz und Pfeffer
- 4 hart gekochte Eier
- 1 Tasse geriebener Parmesan
- Etwas Senf

1 Scheibe: Kalorien: 263; **Fett:** 15g; **Kohlenhydrate:** 16g; **Ballaststoffe:** 2g; **Protein:** 11g

Anweisungen

1. In einer Schüssel Wurst, Petersilie, Schnittlauch, Muskatnuss, Salz und Pfeffer vorsichtig vermengen.
2. In 4 Pasteten teilen.
3. Jeweils ein Ei in die Mitte einer Pastete geben und das Ei mit dem Teig vollständig umhüllen.
4. In den Frittierkorb geben und bei 200°C 15 Minuten backen. Bei der Hälfte einmal wenden.
5. Mit Senf servieren.

GRIECHISCHER FETA MIT HONIG

Portionen: 4 - **VORBEREITUNG:** 5 MINUTEN – **ZUBEREITUNG:** 10 MINUTEN Vegetarisch

Variationstipp: Vor dem Backen geschnittene Tomaten oder Paprikaschoten hinzufügen.

Zutaten

200°C Backen

- 1 Block Feta-Käse
- 2 EL Olivenöl
- 1 EL Paprikaflocken
- 1 EL Oregano
- 2 EL Honig
- Fladenbrot

1 Scheibe: Kalorien: 103; **Fett:** 7g; **Kohlenhydrate:** 11g; **Ballaststoffe:** 2g; **Protein:** 5g

Anweisungen

1. Feta in 4 Stücke horizontal halbieren und mit Olivenöl bestreichen.
2. Mit Paprikaflocken und Oregano bestreuen. Anschließend mit Honig beträufeln.
3. In den Frittierkorb legen und für 10 Minuten bei 200°C garen.
4. Auf einen Servierteller geben und mit Fladenbrot servieren.

CHEDDAR FRITTATA

Portionen: 2 - **VORBEREITUNG:** 10 MINUTEN – **ZUBEREITUNG:** 20 MINUTEN Vegetarisch & Glutenfrei

Dieses Rezept deckt Ihren Eiweißbedarf.

 **Zutaten**

 **Anweisungen**

150°C Backen

- 4 große Eier
- ½ Tasse geriebener Cheddar
- ½ Tasse Kaffeesahne
- 2 EL gehackte Lauchzwiebel
- 2 EL gehackte Petersilie
- ½ TL Salz
- ½ TL Pfeffer

1. Frittierkorb einfetten.
2. Eier und Kaffeesahne in einer Schüssel zusammenschlagen.
3. Käse, Lauchzwiebeln, Petersilie, Salz und Pfeffer unterrühren.
4. In den Frittierkorb geben und 20 Minuten lang bei 150°C kochen.

1 Portion: Kalorien: 230; **Fett:** 25g; **Kohlenhydrate:** 4g; **Ballaststoffe:** 2g; **Protein:** 25g

---

KÄSIGE EIERBECHER

Portionen: 2 - **VORBEREITUNG:** 10 MINUTEN – **ZUBEREITUNG:** 20 MINUTEN Vegetarisch & Glutenfrei

Dieses Rezept ist sehr einfach und deshalb ideal für den Start in den Tag. Kann bis zu einer Woche im Kühlschrank aufbewahrt werden.

 **Zutaten**

 **Anweisungen**

150°/200°C Kochen

- 2 große Eier
- ½ Tasse gemischtes gewürfeltes Gemüse wie Zwiebeln, Paprika usw.
- ½ Tasse Cheddar-Käse
- 2 EL Kaffeesahne
- 1 EL gehackter Koriander
- Salz und Pfeffer

1. 6 kleine Backförmchen mit Pflanzenöl einfetten.
2. Eier, Gemüse, ¼ Tasse Käse, Kaffeesahne, Koriander, Pfeffer und Salz in einer Schüssel gut verquirlen.
3. In die 6 Förmchen füllen.
4. In den Frittierkorb legen und für 15 Minuten bei 150°C garen.
5. Anschließend den restlichen Cheddar in die Förmchen verteilen.
6. Wieder in die Fritteuse stellen und bei 200°C 5 Minuten lang garen.

1 Portion: Kalorien: 265; **Fett:** 18g; **Kohlenhydrate:** 8g; **Ballaststoffe:** 1g; **Protein:** 21

BROTE

ZUCCHINIBROT MIT SCHOKOLADE

Scheiben: 8 - **VORBEREITUNG:** 10 MINUTEN – **ZUBEREITUNG:** 30 MINUTEN Vegetarisch

Süßes Zucchinibrot mit leckerer Schokolade und Kakaopulver. Mit weißer oder schwarzer Schokolade kombinierbar. Optional auch Walnuss oder Pekannüsse hinzufügen.

 **Zutaten**

 **Anweisungen**

150°C Backen

- ½ Tasse 550 Weizenmehl
- ¼ Tasse Kakaopulver
- ½ TL Backpulver
- 1 Ei
- 6 EL brauner Zucker
- 2 EL Butter
- 2 EL Pflanzenöl
- ½ TL Vanilleextrakt
- ¾ Tasse Zucchini, zerkleinert
- ½ Tasse Schokoladenstückchen

1. Frittierkorb mit Butter einfetten.
2. In einer Rührschüssel Mehl, Kakaopulver, Backpulver und Salz verrühren.
3. In einer weiteren Schüssel Ei, braunen Zucker, geschmolzene Butter, Öl und Vanille verquirlen.
4. Beide Schüsseln miteinander mischen.
5. Zucchini und ein Großteil der Schokostückchen unterheben.
6. Den Teig in den Korb geben und 30 Minuten bei 150°C backen.
7. 30 Minuten abkühlen und die Oberfläche mit Schoko bestreuen.

2 Scheiben: Kalorien: 422; **Fett:** 23g; **Kohlenhydrate:** 54g; **Ballaststoffe:** 4g; **Protein:** 4g

SELBSTGEMACHTE BRÖTCHEN

Scheiben: 12 - **VORBEREITUNG:** 15 MINUTEN **– ZUBEREITUNG:** 15 MINUTEN Vegetarisch

Die selbstgemachten Brötchen sind nicht nur günstiger als vom Bäcker, sondern auch viel leckerer, wenn man sie warm serviert.

Rezeptfoto

Zutaten

150°C Backen

- 1 Tasse Milch
- 1 EL Kokosöl
- 1 EL Olivenöl
- 3 Tassen Mehl
- 7½ EL ungesalzene Butter
- 1 TL Hefe
- Salz und Pfeffer nach Bedarf

Pro Portion: Kalorien: 208; **Fett:** 10g;

Kohlenhydrate: 25g; **Ballaststoffe:** 2g; **Protein:** 4.1g

Anweisungen

1. In einer Pfanne Milch, Kokosöl und Olivenöl lauwarm kochen. Vom Herd nehmen und gut umrühren.
2. Mehl, Butter, Hefe, Salz, Pfeffer und Milchmischung in einer großen Schüssel geben und mischen, bis sich ein Teig bildet.
3. Mit den Händen ca. 4-5 Minuten kneten. Mit einem feuchten Tuch den Teig abdecken und für ca. 5 Minuten beiseitestellen.
4. Den Teig etwa 4-5 Minuten erneut kneten.
5. Den Teig wieder mit einem feuchten Tuch abdecken und für 30 Minuten lang beiseitelegen.
6. Den Teig auf eine leicht bemehlte Oberfläche legen und in 12 gleich große Stücke teilen und zu einer Kugel formen.
7. Die Heissluftfritteuse auf 200°C vorheizen und den Frittierkorb einfetten. Die Brötchen in einer Schicht in den vorbereiteten Fritteusenkorb legen (falls es nicht passt in 2 Durchgänge backen) und 15 Minuten backen.
8. Aus der Fritteuse nehmen und warm servieren.

SAUERTEIGBROT

Portionen: 8 - **VORBEREITUNG:** 20 MINUTEN – **ZUBEREITUNG:** 20 MINUTEN

Köstliches Sauerteigbrot von der Heissluftfritteuse. Schmeckt wie vom Bäcker.

Zutaten

150°C Backen

- 1 Tasse Sauerteigansatz
- 1 Tasse Weizenmehl
- ¼ Tasse

Vollkornmehl

- 1 EL Zucker
- ½ TL Salz
- 1 EL Rapsöl

Anweisungen

1. Weizenmehl, Vollkornmehl, Sauerteig, Öl und Salz in die Schüssel eines Standmixers geben. 5 Minuten lang durchkneten lassen.
2. Den Teig zu einer Kugel formen und zum Gären 4 Stunden lang in einem Korb ruhen lassen.
3. Den Teig 20 Minuten bei 190°C backen.

Pro Portion: Kalorien: 162; **Fett:** 3g; **Kohlenhydrate:** 25g; **Ballaststoffe:** 2g; **Protein:** 11g

---

FLADENBROT

Portionen: 8 - **VORBEREITUNG:** 15 MINUTEN – **ZUBEREITUNG:** 11-12 MINUTEN

Passt perfekt zu Dips, Gegrilltem, Suppen und Curry: das Fladenbrot.

Zutaten

150°/200°C Kochen

- 1 ½ EL Zucker
- 1 EL Trockenhefe
- ½ TL Salz
- 2/3 Tassen Vollmilch
- 1 ½ EL Margarine
- 1 Ei, geschlagen
- 4 Tassen Brotmehl
- 1 Tasse Pflanzenöl

Pro Portion: Kalorien: 569; **Fett:** 16g;

Kohlenhydrate: 58g; **Ballaststoffe:** 3g;

Protein: 10g

Anweisungen

1. In einer Schüssel Zucker, Hefe und Salz gut mischen.
2. In einer Pfanne Milch und Margarine bei mittlerer Hitze hinzufügen und 2-3 Minuten kochen lassen, währenddessen rühren.
3. Die Hefemischung und Milchmischung in die Schüssel eines Standmixers geben und gut verrühren. 10 Minuten ruhen lassen.
4. Ei und 1 ½ Tassen Mehl hinzufügen, bei niedriger Geschwindigkeit verrühren.
5. Nach und nach das restliche Mehl hinzufügen und weiter verrühren, bis sich ein Teig bildet.
6. Den Teig in eine gefettete Schüssel geben und mit einem Küchentuch abdecken. 2 Stunden ruhen lassen.
7. Aus dem Teig 2 Teigbälle formen und auf eine bemehlte Oberfläche geben. Mit einem Nudelholz flach rollen und beide Seiten mit Öl bestreichen. 9 Minuten lang bei 150°C backen.

SONNENBLUMENKERNE-BROT

Portionen: 4 - **VORBEREITUNG:** 15 MINUTEN – **ZUBEREITUNG:** 18 MINUTEN

Ein kleines, saftiges Kastenbrot mit vielen Sonnenblumenkernen. Ein wahrer Klassiker unter den Broten!

Zutaten

200°C Backen

- 2/3 Tasse Vollkornmehl
- 2/3 Tasse Weizenmehl
- 1/3 Tasse Sonnenblumenkerne
- ½ Instanthefe
- 1 TL Salz
- 1 Tasse Wasser

Pro Portion: Kalorien: 177; **Fett:** 2g;

Kohlenhydrate: 33g; **Ballaststoffe:** 1g; **Protein:** 5g

Anweisungen

1. In einer Schüssel, die Mehle, Sonnenblumenkerne, Hefe und Salz vermengen.
2. Unter ständigem Rühren Wasser geben, bis sich ein Teig bildet.
3. Auf eine bemehlte Fläche geben und 5 Minuten kneten.
4. Eine Kugel formen und in einer Schüssel geben. Mit Plastikfolie abdecken. Für 30 Minuten ruhen lassen.
5. Eine Backform einfetten und die Oberseite des Teigs mit Wasser bestreichen. Teig in die Backform platzieren.
6. 18 Minuten lang bei 200°C backen.

DATTELBROT

Portionen: 4 - **VORBEREITUNG:** 15 MINUTEN – **ZUBEREITUNG:** 22 MINUTEN

Der süße Geschmack von den Datteln gibt dem Brot einen eigenen Geschmack.

Zutaten

170°C Backen

- 2 ½ Tassen Datteln, entkernt und zerkleinert
- ¼ Tasse Butter
- 1 Tasse warmes Wasser
- 1 ½ Tassen Weizenmehl
- ½ Tasse brauner Zucker
- 1 TL Backpulver
- 1 TL Natron
- ½ TL Salz
- 1 Ei

Anweisungen

1. In einer großen Schüssel Datteln, Butter und Wasser vermengen.
2. In einer weiteren Schüssel Mehl, Zucker, Backpulver, Natron und Salz vermischen.
3. Den Inhalt beider Schüsseln miteinander verrühren.
4. Frittierkorb einfetten und die vorbereitete Teigmischung reingeben.
5. Anschließend bei 170°C für 22 Minuten lang backen.

Pro Portion: Kalorien: 267; **Fett:** 2g; **Kohlenhydrate:** 55g;

Ballaststoffe: 1g; **Protein:** 4g

JOGHURT-BANANENBROT

Portionen: 5 - **VORBEREITUNG:** 15 MINUTEN – **ZUBEREITUNG:** 35 MINUTEN

Dieses amerikanische Bananenbrot überzeugt Kinder wie Erwachsene. Die köstlichste Verwertungsmöglichkeit für überreife Bananen, die man sich vorstellen kann!

 **Zutaten**

170°C Backen

- ½ Tasse Weizenmehl
- ¼ Tasse Vollkornmehl
- ¼ TL Backpulver
- ½ TL Salz
- 1 Ei
- ½ Tasse Zucker
- 2 Bananen, püriert
- ¼ Tasse Joghurt
- ½ TL Vanilleextrakt

 **Anweisungen**

1. In einer Schüssel Mehle, Backpulver und Salz vermengen.
2. In einer weiteren Schüssel Ei, Zucker, Joghurt, Öl und Vanilleextrakt vermischen. Bananen dazugeben und gut verrühren.
3. Anschließend Mehlmischung hinzugeben und verrühren.
4. Die Teigmischung in eine Backform geben.
5. 35 Minuten lang bei 170°C backen.

Pro Portion: Kalorien: 317; **Fett:** 16g; **Kohlenhydrate:** 45g; **Ballaststoffe:** 1g; **Protein:** 7g

---

GEWÜRZTES KÜRBISBROT

Portionen: 4 - **VORBEREITUNG:** 15 MINUTEN – **ZUBEREITUNG:** 25 MINUTEN

Saftiges Kürbisbrot sorgt im Herbst für köstliche Abwechslung im Frittierkorb

 **Zutaten**

170°C Backen

- ¼ Tasse Kokosnussmehl
- 2 EL Stevia
- 1 TL Backpulver
- ¾ TL Brotgewürz
- ¼ TL gemahlener Zimt
- 1/8 TL Salz
- ¼ Tasse Kürbispüree
- 2 Eier
- 2 EL Mandelmilch
- 1 TL Vanilleextrakt

 **Anweisungen**

1. In einer Schüssel Mehl, Stevia, Backpulver, Gewürze und Salz vermischen.
2. In einer weiteren Schüssel Kürbis, Eier, Mandelmilch und Vanilleextrakt vermengen. Anschließend Mehlmischung hinzufügen und verrühren.
3. Den Frittierkorb mit Backpapier auslegen und Mischung in den Korb geben.
4. Für 25 Minuten bei 170°C backen.

Pro Portion: Kalorien: 278; **Fett:** 11g; **Kohlenhydrate:** 39g;

Ballaststoffe: 3g; **Protein:** 13g

KNOBLAUCHBROT

Portionen: 1 - **VORBEREITUNG:** 15 MINUTEN – **ZUBEREITUNG:** 8 MINUTEN

Aus einer Mischung von Maismehl und Weizenmehl wird ein herrlich luftiges Brot, das sich auch wunderbar einfrieren und später genießen lässt.

Zutaten

170°C Backen

- 250 g Baguette
- 32 g Knoblauchzehen
- 20 g geriebener Parmesan
- 50 g weiche Butter
- 15 ml Olivenöl
- 15 g gehackte Petersilie

Pro Portion: Kalorien: 1152; **Fett:** 8g; **Kohlenhydrate:** 45g; **Ballaststoffe:** 1g; **Protein:** 8g

Anweisungen

1. Die Heißluftfritteuse auf 160° C vorheizen. Den Knoblauch schälen, fein hacken. Das Ganze mit Butter und Olivenöl gut vermengen.

2. Das Baguette in 2 cm dicke Scheiben schneiden und mit dem Gemisch bestreichen. Den Parmesan fein reiben.

3. Die Scheiben mit dem Käse und der Petersilie bestreuen. Anschließend die Brotstücke in die Form legen und ca. 8 Minuten in der Fritteuse backen.

BANANENBROT

Portionen: 5 - **VORBEREITUNG:** 10 MINUTEN – **ZUBEREITUNG:** 15 MINUTEN

Eine großartige Option, Obst in einem flauschigen Biskuitkuchen zu haben.

Zutaten

160°C Kochen

- 2 große reife Bananen
- 20g ungesalzene Butter
- 2 Ei
- 100g Zucker
- 2ml Vanilleextrakt
- 120g Vollkornmehl
- 3g Backpulver
- 2g Salz
- 40g Walnüsse
- Olivenöl (zum Einfetten der Form)

Pro Portion: Kalorien: 220; **Fett:** 6g; **Kohlenhydrate:** 40g; **Ballaststoffe:** 2g; **Protein:** 3,8g

Anweisungen

1. Die reifen Bananen zerdrücken, um eine Art Püree zu erhalten.

2. Das Püree mit der Vanille und den geschlagenen Eiern vermischen

3. Mischen Sie die Butter mit dem Zucker.

4. Verbinden Sie nun diese Mischung mit der Vorherigen und rühren Sie sie gleichmäßig um.

5. Den Airfryer auf 150° C vorheizen.

6. Das Mehl mit Salz und Backpulver sieben.

7. Mischen Sie nun das gesiebte Mehl erneut mit der vorherigen Mischung, bis Sie einen einheitlichen Teig erhalten.

8. Zum Schluss die in kleine Stücke gehackten Walnüsse zum Teig geben.

9. Gießen Sie den Teig in die Form und backen Sie 40 Minuten lang bei 150°C.

FITNESSBROT

Das Fitnessbrot können Sie statt mit Agavendicksaft auch mit Ahornsirup zubereiten und anderes Dörrobst verwenden.

Zutaten

Anweisungen

170°C Backen

- 35g Kürbiskerne
- 200ml Wasser
- 1 TL Salz
- 150g Vollkornweizenmehl
- 150g Vollkornroggenmehl
- 25g Hefe
- 1 EL Agavendicksaft
- 40g Walnüsse
- 35g Kürbiskerne
- 50g getrocknete Aprikosen

1. Weizenmehl und Roggenmehl miteinander versieben und salzen. Die Hefe im Wasser auflösen und den Agavensaft mit einrühren. Mit dem Mehl vermischen, Öl dazugeben und zu einem Teig kneten.
2. An einem warmen Ort für 30 Minuten rasten lassen.
3. Kerne, Nüsse und Aprikosen in kleine Stücke hacken und zügig im Teig einarbeiten.
4. Den Teig in die Backform bzw. im Garkorb geben, abdecken und nochmal für 15 Minuten rasten lassen.
5. Für 60 Minuten bei 180°C backen.

Pro Portion: Kalorien: 428; **Fett:** 15g; **Kohlenhydrate:** 57g; **Ballaststoffe:** 12g; **Protein:** 14g

---

FOCACCIA

Das italienische Brot darf beim Grillen diesen Sommer nicht fehlen. Warum? Na, weil es schnell gemacht ist und auch etwas anderes als Baguette und Co. ist. Die Küche duftet beim Backen auch noch wunderbar.

Zutaten

Anweisungen

180°C Kochen

- 2 EL frische Hefe
- 125ml Öl
- 1kg Mehl
- 2 TL Salz
- Pfeffer
- 500g Tomaten, geteilt
- 2 gehackte Paprikaschoten
- ½ Zwiebel, geschnitten

1. Salz, Hefe, Öl und Mehl in einer Schüssel verrühren und in 4 Portionen teilen.
2. Den Teig ausrollen und mit Paprika, Zwiebeln und Tomaten belegen.
3. 3 Minuten bei 180°C vorheizen.
4. Für 20 Minuten bei 180°C backen.

Pro Portion: Kalorien: 170; **Fett:** 9g; **Kohlenhydrate:** 20g; **Ballaststoffe:** 3g; **Protein:** 3g

PIZZA-BROT

Portionen: 4 - **VORBEREITUNG:** 15 MINUTEN – **ZUBEREITUNG:** 35 MINUTEN

Dazu passt eigentlich alles, wozu Brot auch üblicherweise gereicht wird.

Zutaten

Anweisungen

200°C Backen

- 300 g Weizenmehl 550
- 6 g Trockenhefe
- 5 g Zucker
- 10 g Salz
- 200 ml lauwarmes Wasser
- 10 g italienische Kräuter
- 1 EL Öl

1. Mehl und Salz in eine Schüssel geben und das Wasser mit der Hefe und dem Zucker verquirlen. Anschließend alles gut verkneten und 30 Minuten zugedeckt an einem warmen Ort gehen lassen.

2. Die Heißluftfritteuse auf 200° C vorheizen und den Teig in vier Portionen teilen. Jedes Brot ausrollen, mit Öl bepinseln, Kräuter darauf verteilen und das Ganze ca. 8 -10 Minuten backen.

Pro Portion: Kalorien: 286; **Fett:** 9g; **Kohlenhydrate:** 53g; **Ballaststoffe:** 10g; **Protein:** 6g

---

ROSINEN BROT

Portionen: 5 - **VORBEREITUNG:** 15 MINUTEN – **ZUBEREITUNG:** 30 MINUTEN

Schnell, einfach und lecker- so kann man das frische Rosinenbrot beschreiben. Doch auch am nächsten Tag sind diese genießbar, wenn man es richtig zubereitet.

Zutaten

Anweisungen

200°C Backen

- 250 ml lauwarme Milch
- 1 Ei
- 1 Packung Trockenhefe
- 2 EL Öl
- 1 TL Salz
- 3 EL Zucker
- 60g Rosinen
- 240g Weizenmehl

1. Alles bis auf das Mehl in eine Schüssel geben und zusammenmixen. Anschließend das Mehl hinzugeben und gut verrühren.

2. Als Letztes noch die Rosinen hinzufügen und mischen.

3. Den Teig in einer Backform mit Backpapier geben und in der Heissluftfritteuse einlegen.

4. Die Backform in den Garkorb reinstellen und für 30 Minuten bei 180°C backen.

5. Das Rosinenbrot herausnehmen und ruhen lassen.

Pro Portion: Kalorien: 320; **Fett:** 7g; **Kohlenhydrate:** 55g; **Ballaststoffe:** 3g; **Protein:** 2g

KNOBLAUCHBAGUETTE

Portionen: 2 - **VORBEREITUNG:** 15 MINUTEN – **ZUBEREITUNG:** 48 MINUTEN

Wenn Sie es würziger mögen, können Sie nachher Thymian auf das Baguette streuen.

Zutaten

Anweisungen

200°C Backen

- 1 Baguette
- 5 Knoblauchzehen, in Scheiben geschnitten
- Pfeffer
- 40 g Kräuterbutter

1. Die Oberseite des Baguettes alle 2 cm einschneiden und in den Spalten Kräuterbutter sowie die Knoblauchzehen einstecken
2. Die Mischung in einer Backform mit Backpapier geben und in der Heissluftfritteuse einlegen. Bei 140°C ungefähr 40 Minuten lang backen.
3. Mit Pfeffer bestreuen und für 8 Minuten bei 200°C backen.

Pro Portion: Kalorien: 112; **Fett:** 3g; **Kohlenhydrate:** 11g; **Ballaststoffe:** 1g; **Protein:** 2g

---

CHIA DINKEL BROT

Portionen: 4 - **VORBEREITUNG:** 60 MINUTEN – **ZUBEREITUNG:** 20 MINUTEN

Chiasamen sind echte Alleskönner. Das Superfood enthält sehr viel Eiweiß, Eisen, Vitamin B, Kalzium, Zink, jede Menge Antioxidantien und Omega-3-Fettsäuren.

Zutaten

Anweisungen

200°C Backen

- 200 g Dinkel Vollkornmehl
- 100 g Typ 630 Dinkelmehl
- 50 g Chia Samen
- ½ Hefewürfel
- 1 TL Brotgewürz
- ½ TL feingehackter Rosmarin
- 250 ml Buttermilch
- 1 TL Sauerteig Extrakt

1. Alle Zutaten gründlich vermengen und den Teig für 1 Stunde ruhen lassen. Dann ein weiteres Mal durchkneten und zu einem Brot formen.
2. Dann in den Garkorb legen oder falls vorhanden in einen Backaufsatz.
3. Weitere 30 Minuten lang ruhen lassen und dann für 20 Minuten bei 200°C backen.

Pro Portion: Kalorien: 350; **Fett:** 7g; **Kohlenhydrate:** 46g;

Ballaststoffe: 1g; **Protein:** 4g

BEILAGEN & SALATE

FRITTIERTE ESSIGGURKEN

Scheiben: 16 - **VORBEREITUNG:** 12 MINUTEN – **ZUBEREITUNG:** 10 MINUTEN Vegetarisch & Schnell

Leckere Beilage perfekt kombinierbar mit einem Käse-Dressing

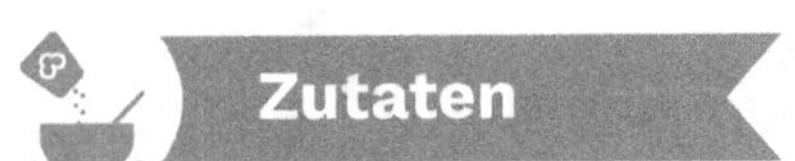
Zutaten

Anweisungen

200°C Backen

- 4 Essiggurken
- 2 Eier
- 2/3 Tasse Panko-Paniermehl
- 1/3 Tasse geriebener Parmesankäse
- ¼ TL getrockneter Dill

2 Scheiben: Kalorien: 285; **Fett:** 11g;

Kohlenhydrate: 29g; **Ballaststoffe:** 2g;

Protein: 17g

1. Backpapier in den Frittierkorb platzieren.

2. Die Essiggurken diagonal in Scheiben schneiden und trockentupfen.

3. Die Eier in einer Schüssel aufschlagen.

4. In einer anderen Schüssel Paniermehl, Parmesankäse und Dill mischen.

5. Die Essiggurken in Ei tauchen und in Paniermehl-Mischung wenden.

6. Die Fritteuse einfetten und Gurken 8-10 Minuten bei 200°C frittieren.

GEBRATENE ZWIEBELHÄPPCHEN

Scheiben: 20 - **VORBEREITUNG:** 10 MINUTEN – **ZUBEREITUNG:** 10 MINUTEN Vegetarisch

Mit Ihrer Lieblings-Dip-Sauce servieren.

Zutaten

Anweisungen

200°C Backen

- 20 kleine Zwiebel
- 1 Tasse Buttermilch
- 2 Eier
- 1 Tasse Mehl
- 1 Tasse Paniermehl
- 1 EL geräucherte Paprika
- 1 TL Salz
- 1 TL gemahlener Pfeffer
- 1 TL granulierter Knoblauch
- ¾ TL Chilipulver

1. Ein Backpapier in den Frittierkorb legen.
2. Das Wurzelende der Zwiebeln abschneiden und Haut abziehen. Mitte der Oberseite abschneiden.
3. Die Buttermilch und die Eier in einer Schüssel schlagen.
4. In einer weiteren Schlüssel Mehl, Paniermehl, Paprika, Salz, Pfeffer, Knoblauch und Chilipulver vermischen.
5. Die Zwiebel in die Buttermilch-Mischung 10 Minuten einweichen.
6. Die Zwiebeln in Paniermehl-Mischung wenden.
7. Den Frittierkorb einfetten und 10 Minuten bei 200°C frittieren.

10 Zwiebelhappen: Kalorien: 623; **Fett:** 10g; **Kohlenhydrate:** 109g; **Ballaststoffe:** 7g; **Protein:** 25g

---

PARMESAN-BLUMENKOHL

Portionen: 20 - **VORBEREITUNG:** 12 MINUTEN – **ZUBEREITUNG:** 15 MINUTEN Vegetarisch & Schnell

Knuspriger und schneller Snack. In Lieblings-Sahne-Dressing eintauchen. Für mehr Variation Paprika und gehackte Petersilie hinzufügen.

Zutaten

Anweisungen

170°C Frittieren

- 4 Tassen Blumenkohlröschen
- 1 Tasse Panko-Paniermehl
- 1 TL Meersalz
- ¼ Tasse Parmesankäse, gerieben
- ¼ Tasse Butter
- ¼ Tasse scharfe Sauce

10 Happen: Kalorien: 517; **Fett:** 30g;

Kohlenhydrate: 51g; **Ballaststoffe:** 8g;

Protein: 16g

1. Ein Backpapier in Frittierkorb legen.
2. Die Blumenkohlröschen halbieren und beiseitelegen.
3. In einer Schüssel Panko, Salz und Parmesan vermischen.
4. In einer weiteren mikrowellengeeigneten Schlüssel Butter mit Sauce vermischen.
5. Die Blumenkohlröschen in die Buttermischung eintauchen und anschließend in Panko wenden.
6. Den Frittierkorb leicht einfetten und Blumenkohl 15 Minuten bei 170°C frittieren.

GEFÜLLTE JALAPENO

Portionen: 20 - **VORBEREITUNG:** 12 MINUTEN – **ZUBEREITUNG:** 8 MINUTEN Vegetarisch & Schnell

Die Schärfe der Jalapeños gibt jedem Gericht nochmal eine extra Note an Geschmack.

Zutaten

Anweisungen

180°C Frittieren

- 220g Frischkäse
- 1 Tasse Panko-Paniermehl
- 2 EL frische Petersilie
- Chilipulver, nach Bedarf
- 100 g Jalapeños

1. In einer Schüssel Frischkäse, halbe Tasse Panko, Petersilie und Chilipulver mischen.
2. Die Käsemischung in die Jalapeños füllen.
3. Die Oberseite der Jalapeños mit dem restlichen Panko füllen.
4. In den Frittierkorb legen und 6-8 Minuten bei 180°C frittieren.

10 Happen: Kalorien: 517; **Fett:** 30g; **Kohlenhydrate:** 51g; **Ballaststoffe:** 8g; **Protein:** 16g

---

KNOBLAUCH-PARMESAN POMMES

Pommes: 16 - **VORBEREITUNG:** 5 MINUTEN – **ZUBEREITUNG:** 20 MINUTEN Vegetarisch & Glutenfrei

Variationstipp: Paprika oder Zwiebelpulver zugeben und optional mit Cheddar bestreuen.

Rezeptfoto

Zutaten

Anweisungen

200°C Frittieren

- 2 Kartoffeln
- 1 EL Olivenöl
- 1 EL gehackter Knoblauch
- ¼ Tasse Parmesan, gerieben
- ¼ TL Salz
- ¼ TL Pfeffer

1. Die Kartoffeln in dünne Stäbchen schneiden.
2. Das Olivenöl über Kartoffeln träufeln.
3. Knoblauch, Parmesan, Salz und Pfeffer darüber streuen und mischen.
4. In den Frittierkorb legen und 20 Minuten bei 200°C frittieren.

8 Pommesstäbchen: Kalorien: 267; **Fett:** 10g; **Kohlenhydrate:** 37g; **Ballaststoffe:** 6g; **Protein:** 9g

INDISCHE SÜSSKARTOFFEL POMMES

Pommes: 20 - **VORBEREITUNG:** 10 MINUTEN – **ZUBEREITUNG:** 8 MINUTEN Vegan & Glutenfrei

Dies bringt Ihre Pommes auf ein nächstes Level mit einer indischen Gewürzmischung. Mit Mayonnaise oder Honig-Senf genießen.

Zutaten

200°C Frittieren

- ¾ TL gehackter Koriander
- ½ TL Garam Masala
- ½ TL Knoblauchpulver
- ½ TL gemahlener Kreuzkümmel
- ¼ TL Pfeffer
- 2 große Süßkartoffel, geschält
- 2 TL Olivenöl

Anweisungen

1. Für die Gewürzmischung Koriander, Garam Masala, Knoblauchpulver, Kreuzkümmel und Pfeffer mischen.
2. Süßkartoffeln in ¼ Stäbchen schneiden.
3. In einer Schüssel Stäbchen mit Olivenöl und Gewürzmischung mischen.
4. 8 Minuten lang bei 200°C frittieren.

10 Pommesstäbchen: Kalorien: 157; **Fett:** 5g; **Kohlenhydrate:** 27g; **Ballaststoffe:** 4g; **Protein:** 2g

---

HUSHPUPPIES

Portionen 8 Puppies - VORBEREITUNG: 7 MINUTEN – **ZUBEREITUNG:** 20 MINUTEN Vegetarisch

Perfekt als Beilage zu gebratenem Wels.

Rezeptfoto

Zutaten

200°C Frittieren

- ½ Tasse Maismehl
- ¼ Tasse Weizenmehl
- 2 EL Röstzwiebel
- ¾ TL Backpulver
- 1/8 TL Zucker
- ¼ TL Salz
- 1 Ei
- ¼ Tasse Milch

Anweisungen

1. In einer Schüssel Maismehl, Weizenmehl, Röstzwiebel, Backpulver, Zucker und Salz mischen.
2. Ei und Milch mit Schneebesen aufschlagen.
3. Die Mischung esslöffelweise zu Kugel rollen.
4. 10 Minuten bei 200°C frittieren, wenden und weitere 10 Minuten frittieren.

4 Stück: Kalorien: 259; **Fett:** 5g; **Kohlenhydrate:** 47g; **Ballaststoffe:** 3g; **Protein:** 9g

WEIHNACHTLICHE PANCAKES

Portionen 4 - **VORBEREITUNG:** 15 MINUTEN – **ZUBEREITUNG:** 10 MINUTEN Vegetarisch

Tipp: Für die Deko eignen sich Früchte, wie z. B. Heidelbeeren.

Zutaten

Anweisungen

180°C Frittieren

- 2 Eier
- 150 g Mehl
- 2 EL Puderzucker
- 0,50 TL Zimtpulver
- 1 Msp. Anispulver
- 0,50 TL Spekulatiusgewürz
- 1 EL Butter, weich
- 220 g Zucker
- 85 g Butter
- 220 g Sahne
- 0,50 TL Salz
- Mark einer Vanilleschote

1. Die Heißluftfritteuse auf 200 °C vorheizen. Eier, Mehl, 1 EL Puderzucker, Mark der Vanilleschote und die Gewürze mit den Quirlen des Handmixers gut verrühren.

2. Die Form mit Butter einfetten, den Teig portionsweise in die Backform der Heißluftfritteuse füllen und bei ca. 180 °C für ca. 9 - 11 Minuten backen.

3. Für die Karamellsoße Zucker in einer Pfanne karamellisieren lassen. Butter, Sahne und Salz zufügen und unter Rühren kochen, bis die Soße dickflüssig wird. Pancakes auf gesalzener Karamellsoße anrichten und mit restlichem Puderzucker bestreuen.

2 Stück: Kalorien: 126; **Fett:** 2g; **Kohlenhydrate:** 19g; **Ballaststoffe:** 3g; **Protein:** 5g

---

FRÜHSTÜCKS-SNACK

Portionen: 20 Stück - **VORBEREITUNG:** 15 MINUTEN – **ZUBEREITUNG:** 4 MINUTEN Vegetarisch

Variationstipp: Als morgendlicher Snack mit Zimt und Zucker bestreuen und in eine Frischkäseglasur tauchen.

Zutaten

Anweisungen

180°C Frittieren

- 1 Tasse Weizenmehl
- ¼ TL Salz
- 1 TL Backpulver
- ½ TL Butter
- ½ Tasse Wasser
- 1/8 TL Zwiebelpulver
- Etwas Olivenöl

10 Stück: Kalorien: 223; **Fett:** 4g;

Kohlenhydrate: 25g; **Ballaststoffe:** 2g; **Protein:** 18g

1. Ein Backpapier in Frittierkorb legen.

2. Mehl, Salz, Backpulver und ½ TL Butter in einer Schüssel vermischen.

3. Das Wasser hinzufügen und gut vermischen.

4. Den Teig auf einer bemehlten Oberfläche ausrollen.

5. In mehrere Quadrate schneiden.

6. Den Teig in einer einzigen Schicht in den Frittierkorb legen und mit Olivenöl einfetten.

7. Das Knoblauchpulver, Zwiebelpulver und Salz in einer Schüssel mischen und auf den Teig streuen.

8. 3-4 Minuten bei 180°C backen und danach mit Butter bestreichen.

TRUTHAHNSCHINKEN UND KÄSE-DIP

Portionen 1 ½ Tasse **- VORBEREITUNG:** 8 MINUTEN **– ZUBEREITUNG:** 7 MINUTEN Glutenfrei

Variationstipp: Probieren Sie verschiedene Käsesorten aus. Bspw. Mozzarella mit Mini-Peperoni für köstlichen Pizzageschmack.

Zutaten

200°C Kochen

- 220g Frischkäse
- 1 Tasse geriebener Cheddar-Käse
- ½ Tasse Mayonnaise
- ¼ Tasse Parmesan
- 2 TL gehackter Knoblauch
- 1 EL Röstzwiebeln
- ½ Tasse Truthahnschinken, gehackt
- ½ Tasse Babyspinat

Anweisungen

1. In einer Schüssel Frischkäse, Cheddar, Mayonnaise, Parmesan, Knoblauch und Röstzwiebel mit einem Holzlöffel vermischen.
2. Truthahn und Spinat unterheben.
3. Die Mischung in den Frittierkorb legen und 7 Minuten bei 200°C kochen.

4 Stück: Kalorien: 640; **Fett:** 56g; **Kohlenhydrate:** 14g;

Ballaststoffe: 3g; **Protein:** 23g

KNUSPRIG GEWÜRZTE CHICKEN-WINGS

Portionen 20 Stück **- VORBEREITUNG:** 4 MINUTEN **– ZUBEREITUNG:** 30 MINUTEN Glutenfrei

Dieses Rezept benötigt wenige Zutaten und ist schnell zubereitet. Mit Barbecue Sauce genießen.

Zutaten

200°C Frittieren

- 1 EL gehackter Knoblauch
- 1 TL Salz
- ½ TL Pfeffer
- 1 Packung Chicken-Wings

10 Stück: Kalorien: 650; **Fett:** 43g;

Kohlenhydrate: 24g; **Ballaststoffe:** 3g;

Protein: 40g

Anweisungen

1. Backpapier in die Fritteuse platzieren.
2. In einer kleinen Schüssel Knoblauch, Salz, Pfeffer und Salz mischen.
3. Die Chicken-Wings mit der Mischung bestreuen und in den Frittierkorb legen.
4. 24 Minuten bei 200°C braten und bei Hälfte der Garzeit einmal wenden.
5. Die Flügel herausnehmen, mit Öl einfetten und weitere 6 Minuten braten.

FRITTIERTE PIZZASTICKS

Portionen 6 Stück - **VORBEREITUNG:** 10 MINUTEN – **ZUBEREITUNG:** 8 MINUTEN Schnell

Leckerer Snack für ein Wochenende. Mit Ihrem Lieblings-Dressing genießen.

Zutaten

200°C Frittieren

- 1 EL Wasser
- 6 Frühlingsrollenteig
- 6 TL Marinara-Sauce
- 18 Peperonischeiben
- 3 Mozzarellastäbchen

3 Stück: Kalorien: 606; **Fett:** 33g;
Kohlenhydrate: 55g;
Ballaststoffe: 3g; **Protein:** 25g

Anweisungen

1. Ein Backpapier in die Fritteuse platzieren.
2. Den Frühlingsrollenteig mit der Spitze zu Ihnen gerichtet vor sich hinlegen.
3. 1 Teelöffel Marinarasauce in die Mitte legen und daraufhin 3 Peperonischeiben und einen halben Mozzarellastick platzieren.
4. Beide Seiten jeweils nach innen zu einem Umschlag falten.
5. Die restlichen Ränder mit Wasser befeuchten.
6. Den Teig fertig rollen.
7. Alle 6 Pizzasticks in die Fritteuse platzieren und mit Öl einfetten.
8. 4 Minuten lang bei 200°C frittieren, wenden und weitere 4 Minuten frittieren.

PANIERTE MOZZARELLA-STICKS

Portionen: 12 Stück - **VORBEREITUNG:** 8 MINUTEN – **ZUBEREITUNG:** 5 MINUTEN Schnell & Vegetarisch

Diese Mozzarella-Sticks schmecken warm am besten. Mit Tomatensauce genießen.

Zutaten

200°C Frittieren

- ½ Tasse Weizenmehl
- ½ Tasse Panko-Paniermehl
- ½ Tasse Parmesankäse
- 1 TL italienische Gewürze
- ½ TL Knoblauchsalz
- 6 Mozzarellastäbchen, halbiert
- 1 Ei, geschlagen

Anweisungen

1. Ein Backpapier in die Fritteuse platzieren.
2. Das Mehl in eine Schüssel geben.
3. In einer weiteren Schüssel Paniermehl, Parmesan, Gewürze und Knoblauchsalz mischen.
4. Ei in einer weiteren Schüssel geben.
5. Mozzarella-Käse in Mehl rollen und in Ei tauchen. Anschließend in Paniermehl-Mischung wenden.
6. Stäbchen einfetten und 5 Minuten bei 200°C frittieren.

6 Stück: Kalorien: 594; **Fett:** 29g; **Kohlenhydrate:** 48g; **Ballaststoffe:** 3g; **Protein:** 40g

SÜSSE FLEISCHBÄLLCHEN

Portionen 16 Stück - **VORBEREITUNG:** 12 MINUTEN – **ZUBEREITUNG:** 12 MINUTEN

Verwenden Sie für das Rezept Rindfleisch, welches zwischen 80-85% mager ist.

Zutaten

200°C Braten

Für Glasur

- 3 EL Mayonnaise
- 1 EL Chili-Knoblauchsauce
- 1 TL Honig
- 1 TL Ananassaft
- Fleischbällchen
- 405g Rinderhack
- 1 Ei, geschlagen
- 1/3 Tasse Semmelbrösel
- 2 EL Milch
- 1 EL Sojasauce
- 2 TL Röstzwiebel
- 1 TL Sesamöl
- 1 TL gehackter Knoblauch
- ½ TL gemahlener Ingwer
- ½ TL Salz

Anweisungen

1. Für die Glasur, die Zutaten in einer Schüssel vermischen.
2. Für die Fleischbällchen das Hackfleisch, Ei, Semmelbrösel, Milch, Sojasauce, Röstzwiebel, Sesamöl, Knoblauch, Ingwer und Salz in einer Schüssel mischen.
3. Zutaten mit Händen vorsichtig miteinander vermengen.
4. Mischung in 16 gleiche Portionen teilen und zu mehreren Kugeln formen.
5. In den Frittierkorb geben und 10 Minuten lang bei 200°C braten.
6. Die Fleischbällchen mit der Glasur bestreichen und weitere 2 Minuten in der Fritteuse braten.

6 Stück: Kalorien: 558; **Fett:** 29g; **Kohlenhydrate:** 24g; **Ballaststoffe:** 1g; **Protein:** 50g

---

KNUSPRIGE GRÜNE BOHNEN

Portionen: 2 Tassen - **VORBEREITUNG:** 5 MINUTEN – **ZUBEREITUNG:** 10 MINUTEN Glutenfrei & Vegan

Variationstipp: Statt Zitronenpfeffer Zwiebelpulver oder -dip verwenden.

Zutaten

180°C Garen

- 2 Tassen grüne Bohnen
- 2 EL Olivenöl
- 2 TL gehackter Knoblauch
- ½ TL Salz
- ½ TL Zitronenpfeffer

Anweisungen

1. Die Enden der grünen Bohnen abschneiden und halbieren.
2. Die Bohnen in einer Schüssel mit Olivenöl, Knoblauch, Salz und Zitronenpfeffer bestreichen.
3. Die grünen Bohnen 10 Minuten lang bei 180°C garen.

1 Portion: Kalorien: 165; **Fett:** 14g; **Kohlenhydrate:** 10g; **Ballaststoffe:** 3g; **Protein:** 3g

GRÜNE TOMATEN

Portionen: 12 Stück **- VORBEREITUNG:** 10 MINUTEN **– ZUBEREITUNG:** 8 MINUTEN Vegetarisch

Mit der Heissluftfritteuse können Sie Tomaten ganz ohne Öl frittieren. Mit einer cremigen Dip-Sauce servieren.

 **Zutaten**

 **Anweisungen**

200°C Braten

- 1-2 grüne Tomaten.
- ½ Tasse Weizenmehl
- 1 Ei
- ½ Tasse Buttermilch
- 1 Tasse Panko-Paniermehl
- 1 Tasse Maismehl
- ½ TL Salz
- ½ TL Pfeffer

6 Stück: Kalorien: 477; **Fett:** 2g;
Kohlenhydrate: 92g;
Ballaststoffe: 8g; **Protein:** 16g

1. Ein Backpapier in den Frittierkorb legen.
2. Die Tomaten in 12 Scheiben schneiden. Mit Küchentüchern trocken tupfen.
3. Das Mehl in einer Schüssel geben und beiseitestellen.
4. In einer weiteren Schüssel Ei und Buttermilch mit Schneebesen verrühren.
5. In einer weiteren Schlüssel Panko und Maismehl vermengen.
6. Die Tomatenscheiben mit Mehl bestreichen und in Eiermischung tauchen. Anschließend in Panko-Mischung wenden.
7. Die Scheiben mit Salz und Pfeffer bestreuen und mit Olivenöl einfetten.
8. 5 Minuten lang bei 200°C braten, wenden und weitere 3 Minuten braten.

FRITTIERTE KAROTTEN

Portionen: 3 Tassen **- VORBEREITUNG:** 6 MINUTEN **– ZUBEREITUNG:** 14 MINUTEN Vegan & Glutenfri

Um den Geschmack zu verfeinern: Zwiebelpulver oder Cajun-Gewürz hinzufügen

 **Zutaten**

Anweisungen

180°C Braten

- 3 große Karotten
- 1 EL Olivenöl
- 1 EL gehackter Knoblauch
- 1 TL Gewürzsalz
- ¼ TL Pfeffer
- 1 EL Petersilie, gehackt

1. Die Karotten schälen und in mehrere Scheiben schneiden.
2. In eine Schüssel geben und mit Olivenöl beträufeln.
3. Die Karotten mit Knoblauch, Salz und Pfeffer vermengen.
4. 12 Minuten lang bei 180°C in der Heissluftfritteuse braten. Anschließend wenden und weitere 2 Minuten lang braten.
5. Die Karotten mit Petersilie servieren.

1 Tasse: Kalorien: 80; **Fett:** 5g; **Kohlenhydrate:** 9g; **Ballaststoffe:** 2g;
Protein: 1g

KÄSIGE KARTOFFELN

Portionen: 2 Kartoffeln - **VORBEREITUNG:** 10 MINUTEN – **ZUBEREITUNG:** 33 MINUTEN Glutenfrei

Eignet sich hervorragend als Beilage zu Steak. Optional mit Sauerrahm oder Schnittlauch servieren.

Zutaten

180°C Braten

- 2 große mehlige Kartoffeln
- 2 EL Butter
- 1 TL Salz
- ½ Tasse geriebener Cheddar

Anweisungen

1. Ein Backpapier in den Frittierkorb legen.
2. Die Kartoffeln kreuzweise in dünne Scheiben schneiden. Jedoch nicht komplett schneiden, sodass die Kartoffeln in einem Stück bleiben.
3. Die Kartoffeln in den Frittierkorb legen und 15 Minuten lang bei 180°C backen.
4. Die Butter zwischen den Kartoffelscheiben füllen und weitere 15 Minuten backen.
5. Ebenfalls Käse reinfüllen und nochmal 3 Minuten lang garen.

1 Portion: Kalorien: 470; **Fett:** 21g; **Kohlenhydrate:** 59g; **Ballaststoffe:** 9g; **Protein:** 13g

---

WÜRZIGER BLUMENKOHL

Portionen: 2 Tassen - **VORBEREITUNG:** 15 MINUTEN – **ZUBEREITUNG:** 30 MINUTEN Glutenfri & Vegetarisch

Blumenkohl muss nicht unbedingt langweilig sein. Passt perfekt zu weißem Reis oder als Beilage zu Hähnchen.

Zutaten

180°C Garen

- ½ Tasse Milch
- 1 EL gehackter Knoblauch
- 2 EL Maisstärke
- 1 EL Sriracha
- 1 EL brauner Zucker
- ½ TL Salz
- 1 Blumenkohl, in Röschen geschnitten

Anweisungen

1. Ein Backpapier in Frittierkorb legen.
2. In einer Schüssel Milch, Knoblauch, Maisstärke, Sriracha, Zucker und Salz vermischen. Gut verquirlen.
3. Den Blumenkohl zur Mischung beigeben und beiseitestellen. 10 Minuten marinieren.
4. Mit einem Löffel Blumenkohl entfernen und in den Frittierkorb legen. 15 Minuten lang bei 180°C braten.
5. Nach den ersten 8 Minuten 1-2 EL Marinade über dem Blumenkohl träufeln und weitere 15 Minuten garen. Mit der Marinade servieren.

1 Portion: Kalorien: 125; **Fett:** 1g; **Kohlenhydrate:** 25g; **Ballaststoffe:** 3g; **Protein:** 5g

GEBRATENER SPARGEL

Portionen: 10 Spargel - **VORBEREITUNG:** 5 MINUTEN – **ZUBEREITUNG:** 10 MINUTEN Glutenfrei & Vegan

Sehr einfaches Rezept mit nur 5 Zutaten zubereitet. Zu Hähnchen servieren.

Zutaten

200°C Garen

- 200g Spargel
- 1 EL Zitronensaft
- 2 TL gehackter Knoblauch
- ½ TL Salz
- ¼ TL Pfeffer
- Etwas Olivenöl

Anweisungen

1. Backpapier in den Frittierkorb legen.
2. Die Enden der Spargel abknicken und ebenfalls in den Frittierkorb legen.
3. Den Spargel mit Zitronensaft beträufeln und mit Knoblauch, Salz sowie Pfeffer bestreuen.
4. Mit Öl einfetten und 10 Minuten bei 200°C braten.

1 Portion: Kalorien: 32; **Fett:** 1g; **Kohlenhydrate:** 6g; **Ballaststoffe:** 3g; **Protein:** 3g

---

AUBERGINEN MIT PARMESAN

Portionen: 10 Stuck - **VORBEREITUNG:** 20 MINUTEN – **ZUBEREITUNG:** 10 MINUTEN Vegetarisch

Krustige Auberginen mit geschmolzenem Mozzarella.

Zutaten

180°C Garen

- 1 kleine Aubergine
- ½ TL Salz
- 1 Ei
- ½ Tasse Paniermehl
- 1 EL geriebener Parmesan
- 1 TL italienische Würzmischung
- ½ Tasse Marinara
- 3 EL geriebener Mozzarella
- 2 TL Petersilie

Anweisungen

1. Ein Backpapier in Frittierkorb legen.
2. Die Aubergine in Scheiben schneiden und mit etwas Salz bestreuen. 10 Minuten ruhen lassen.
3. In der Zwischenzeit: Ei in einer weiteren Schüssel verquirlen.
4. In einer weiteren Schüssel Paniermehl, Parmesan und Würzmischung verrühren.
5. Die Auberginenscheiben jeweils in Ei tauchen und anschließend in Paniermehlmischung wenden.
6. In mehreren Durchgängen Auberginen in einer Schicht für 8 Minuten bei 180°C garen. Vorher mit Öl einfetten.
7. Daraufhin die Auberginen mit etwas Marinara füllen und Mozzarella bestreuen. Weitere 1-2 Minuten garen.

5 Stück: Kalorien: 387; **Fett:** 15g; **Kohlenhydrate:** 43g; **Ballaststoffe:** 11g; **Protein:** 23g

BROKKOLI MIT PARMESAN

Portionen: 2 Tassen **- VORBEREITUNG:** 5 MINUTEN **– ZUBEREITUNG:** 10 MINUTEN Glutenfrei & Vegetarisch

Falls Sie für das Rezept frischen Brokkoli verwenden möchten, sollten Sie die Garzeit um 1-2 Minuten verkürzen.

Zutaten

180°C Garen

- 170g gefrorene Brokkoliröschen
- 1 EL Olivenöl
- 1 EL geriebener Parmesan
- ¼ TL gehackter Knoblauch
- ¼ TL Zwiebelpulver
- ¼ TL Salz
- 1/8 TL Pfeffer

Anweisungen

1. In einer Schüssel Brokkoli mit Olivenöl vermengen.
2. Den Parmesan, Knoblauch, Zwiebelpulver, Salz und Pfeffer darüber streuen. Gut umrühren.
3. In den Frittierkorb geben und 10 Minuten bei 180°C braten.

1 Portion: Kalorien: 105; **Fett:** 8g; **Kohlenhydrate:** 5g; **Ballaststoffe:** 3g; **Protein:** 2g

---

GEFÜLLTE PAPRIKA

Portionen: 2 Paprika **- VORBEREITUNG:** 15 MINUTEN **– ZUBEREITUNG:** 25 MINUTEN Gltenfrei

Probieren Sie dieses Rezept auch mal statt Rindfleisch mit Putenfleisch. Sie können der Mischung für eine zusätzliche Note Mais, Chili und Bohnen hinzufügen.

Zutaten

180°C Garen

- 220g Rinderhack
- 2 TL Olivenöl
- 2 EL gewürfelte Frühlingszwiebeln
- 2 EL Petersilie
- ¼ TL gehackter Knoblauch
- ¼ TL Salz
- ½ Tasse gekochter Reis
- ½ Tasse Marinara
- 2 grüne Paprika
- 2 EL zerkleinerte Mozzarella

Anweisungen

1. In einer kleinen Pfanne bei mittlerer Hitze 10 Minuten lang das Rinderhack garen.
2. Das Rindfleisch abtropfen lassen und zusammen mit dem Olivenöl, Frühlingszwiebel, Petersilie, Knoblauch und Salz in eine Schüssel geben.
3. Reis und Marinara unterrühren, bis alles gut vermischt ist.
4. Den Deckel der Paprika abschneiden und Mischung reinfüllen.
5. 10 Minuten lang bei 180°C garen.
6. Anschließend Mozzarella in die Paprika geben und weitere 5 Minuten garen.

1 Portion: Kalorien: 375; **Fett:** 18g; **Kohlenhydrate:** 22g; **Ballaststoffe:** 3g; **Protein:** 33g

RÖSTI

Portionen: 4 Stuck - **VORBEREITUNG:** 15 MINUTEN – **ZUBEREITUNG:** 5 MINUTEN Vegetarisch

Mit Apfelmus und Sauerrahm servieren. Falls Sie wünschen, können Sie die Kartoffeln auch ungeschält lassen.

Zutaten

180°C Garen

- 2 Kartoffeln
- 1 Ei
- 2 EL Weizenmehl
- ½ TL Salz
- ¼ TL Knoblauch, gehackt
- Olivenöl

Anweisungen

1. Kartoffel schälen und zerkleinern.
2. Abspülen und abtropfen lassen.
3. In einer Schüssel mit Ei, Mehl, Salz und
4. Knoblauch gründlich vermengen.
5. In 4 Kreise formen und mit Öl einfetten.
6. 5 Minuten bei 180°C in der Fritteuse frittieren.

2 Stück: Kalorien: 214; **Fett:** 3g; **Kohlenhydrate:** 40g; **Ballaststoffe:** 3g; **Protein:** 7g

---

MEDITERRANES GEMÜSE

Portionen: 3 Tassen - **VORBEREITUNG:** 15 MINUTEN – **ZUBEREITUNG:** 20 MINUTEN Vegetarisch

Eine perfekte Beilage für ein Fischgericht.

Zutaten

- 2 EL Honig
- 2 TL gehackter Knoblauch
- ¼ TL Basilikum
- ¼ TL Majoran
- ¼ TL Oregano
- 1/8 TL Rosmarin
- 1/8 TL Salbei
- 1/8 TL Thymian
- ½ TL Salz
- ¼ TL Pfeffer
- 3-4 Kartoffeln
- 1 Zucchini
- 1 Pckg. Cherry-Tomaten
- 1 Tasse geschnittene Champignons
- 1 Karotte
- 3 EL Olivenöl

Anweisungen

1. In einer Schüssel Honig, Knoblauch, Basilikum, Majoran, Oregano, Rosmarin, Salbei, Thymian, Salz und Pfeffer vermengen. Beiseitestellen.
2. Die Kartoffeln und Zucchini zerkleinern und in einer weiteren Schüssel geben.
3. Die Tomaten halbieren und zusammen mit den in Scheiben-geschnittenen Champignons in die Schüssel geben.
4. Die Karotten ebenfalls scheiden und in die Schüssel geben.
5. Das Olivenöl hinzufügen und verrühren.
6. Die Mischung in den Frittierkorb geben und für 15 Minuten lang bei 180°C braten.
7. Das frittierte Gemüse zurück in die große Schüssel geben und mit der Honigmischung vermengen.
8. Nochmal 5 Minuten lang braten.

1 Tasse: Kalorien: 352; **Fett:** 15g; **Kohlenhydrate:** 54g; **Ballaststoffe:** 6g; **Protein:** 7g

LACHSKROKETTEN

Portionen 16 Portionen **- VORBEREITUNG: 1**5 MINUTEN **– ZUBEREITUNG:** 14 MINUTEN Einfach

Den Lachs mit der Dillsoße und dem Spinat auf Tellern anrichten und mit Schnittlauch bestreuen.

Zutaten

Anweisungen

190°C Garen

- 2 Eier geschlagen
- 2 EL gehackte Petersilie
- Pfeffer und Salz
- 1/3 Tasse Pflanzenöl
- 1 Tasse Semmelbrösel
- 1 Dose Lachs, abgetropft

1. In einer Schüssel den Lachs hinzufügen und mit einer Gabel vollständig zerdrücken. Eier, Petersilie, Salz und Pfeffer hinzufügen. Gut mischen.

2. Aus der Mischung 16 gleich-große Kroketten bilden.

3. In einer Schüssel Öl mit Semmelbrösel vermengen und Kroketten darin wenden.

4. Für 7 Minuten Kroketten bei 190°C in 2 Durchgänge frittieren.

1 Tasse: Kalorien: 110; **Fett:** 7g; **Kohlenhydrate:** 5g;

Ballaststoffe: 0g; **Protein:** 4g

FISCHE & MEERESFRÜCHTE

SCHARFE GARNELEN

Portionen: 4 - **VORBEREITUNG:** 10 MINUTEN – **ZUBEREITUNG:** 12 MINUTEN Gesund & Schnell

Servieren Sie die Garnelen mit Tomaten und Petersilie für ein noch appetitlicheres Aussehen.

 **Zutaten**

 **Anweisungen**

180°C Backen

- 4 frische Jumbo-Garnelen
- 1 TL Chili
- 1 TL Salz
- 1 TL Paprikapulver
- ½ TL Pfeffer

Für die Sauce:

- 3 EL Mayonnaise
- 1 TL Ketchup
- 1 TL Apfelessig

1. Die Gewürze und das Salz zusammen mit den Garnelen in einer Schüssel gut mischen.
2. In den Garkorb die gewürzten Garnelen hereinlegen.
3. Die Garnelen bei 180°C für 12 Minuten frittieren.
4. Nach 5 Minuten den Korb herausholen und durchschütteln.
5. Die Zutaten für die Sauce in einer Schüssel verquirlen und mit der Sauce zusammen servieren.

1 Riesengarnele: Kalorien: 115; **Fett:** 1.2g; **Kohlenhydrate:** 51g; **Ballaststoffe:** 0g; **Protein:** 26g

CREMIGER SCHELLFISCH

Portionen: 4 - **VORBEREITUNG:** 10 MINUTEN – **ZUBEREITUNG:** 15 MINUTEN Gesund & Schnell

Falls Sie keinen frischen Schellfisch zur Hand haben, können Sie auch Gefrorenen verwenden.

Zutaten

180°C Garen

- 400 g Schellfischfilet
- 25 g Butter
- 4 Pilze
- 2 Knoblauchzehen
- 1 Prise Basilikum
- 1/2 Tasse Schlagsahne
- 1 TL Salz
- 2-3 Kirschtomaten
- 10 Champignons

Anweisungen

1. Die Schellfischfilets 2 Finger-breit schneiden.
2. Den Knoblauch und Champignons in dünne Scheiben schneiden.
3. Die Filetstücke in den Garkorb legen und den Knoblauch sowie die Pilze dazulegen.
4. Die Butter in kleine Stücke schneiden und auf die Filetstücke verteilen.
5. Anschließend Salz und Basilikum dazu streuen und Sahne darüber gießen.
6. Zuletzt: Die halbierten Kirschtomaten hinzufügen und bei 180°C 15 Minuten lang backen.

1 Portion: Kalorien: 175; **Fett:** 7g; **Kohlenhydrate:** 5g; **Ballaststoffe:** 0g; **Protein:** 19g

---

KNUSPRIGE BASTARDMAKRELE

Portionen: 4 - **VORBEREITUNG:** 5 MINUTEN – **ZUBEREITUNG:** 15 MINUTEN Gesund & Schnell

Die Makrele können Sie nach Wunsch auch statt Mehl mit Öl zubereiten.

Zutaten

180°C Backen

- 600 g filetierte Bastardmakrele
- 1 Tasse Mehl
- 1 TL Salz

1 Portion: Kalorien: 275; **Fett:** 12g;

Kohlenhydrate: 9g; **Ballaststoffe:** 0g;

Protein: 16g

Anweisungen

1. Die filetierte Bastardmakrelen in ein Sieb legen und abwaschen.
2. Das Mehl und Salz in einem Teller mischen und die Bastardmakrelen darin mehrmals wenden.
3. Den Garkorb mit einem Pinsel einfetten.
4. Überschüssiges Mehl von den Makrelen abschütteln und in den Garkorb legen.
5. Auf 180°C erhitzen und 15 Minuten lang backen. Nach 7 Minuten den Garkorb einmal durchschütteln.
6. Mit frischem Gemüse und Zitronenscheiben servieren.

SANDWICH MIT THUNFISCH

Sandwiches: 2 - **VORBEREITUNG:** 12 MINUTEN – **ZUBEREITUNG:** 24 MINUTEN Gesund & Schnell

Sie können die Brotsorte beliebig auswählen oder der Thunfischmischung nach Belieben fein gehackten Sellerie oder Gurken hinzufügen.

 **Zutaten**

 **Anweisungen**

200°C Backen

- 2 Dosen ungesalzener Thunfisch
- ½ Tasse Mayonnaise
- ½ TL Salz
- ¼ TL gemahlener Pfeffer
- 4 Scheiben Sauerteigbrot
- 4 Stück vorgeschnittener Cheddar-Käse
- 2 EL knusprig gebratene Zwiebeln
- Olivenölspray
- ¼ TL granulierter Knoblauch

1. In einer mittelgroßen Schüssel Thunfisch, Mayonnaise, Salz und Pfeffer mischen und beiseitelegen.
2. 1 Scheibe Käse auf jede zweite Brotscheibe legen.
3. Zwiebeln auf die Käsescheiben legen.
4. Den Thunfisch noch darüberlegen und die belegten Brotscheiben jeweils mit der zweiten Brotscheibe schließen.
5. Ein Sandwich in den Frittierkorb legen, mit Olivenöl besprühen und 6 Minuten bei 200°C braten.
6. Das Sandwich umdrehen, erneut besprühen und weitere 6 Minuten braten, bis es goldbraun ist. Sofort nach dem Herausnehmen aus dem Frittierkorb mit Knoblauch bestreuen. Mit den restlichen Sandwiches wiederholen.
7. Die Sandwiches 1 bis 2 Minuten ruhen lassen und anschließend servieren.

1 Sandwiches: Kalorien: 620; **Fett:** 42g; **Kohlenhydrate:** 50g; **Ballaststoffe:** 1g; **Protein:** 38g

---

LACHS MIT AHORNSIRUP

Portionen: 2 - **VORBEREITUNG:** 10 MINUTEN – **ZUBEREITUNG:** 8 MINUTEN Gesund & Schnell

Besonders gebratener Lachs bekommt durch Ahornsirup eine köstliche karamellisierte Oberfläche.

 **Zutaten**

Anweisungen

180°C Backen

- 2 Lachsfilet
- 2 EL Ahornsirup
- Salz

1. Lachsfilets mit Salz würzen und gleichmäßig mit Ahornsirup bestreichen.
2. Lachsfilets in den Frittierkorb geben und 8 Minuten lang bei 180°C backen.

1 Portion: Kalorien: 275; **Fett:** 10g; **Kohlenhydrate:** 14g; **Ballaststoffe:** 1g; **Protein:** 32g

SÜß SAURE LACHSFILETS

Portionen: 2 - **VORBEREITUNG:** 20 MINUTEN – **ZUBEREITUNG:** 12 MINUTEN Asiatisch

Hähnchen süßsauer kennt nahezu jeder. Doch mit Lachs schmeckt dieses asiatische Gericht noch besser.

Zutaten

Anweisungen

180°C Braten

- 1/3 Tasse Sojasauce
- 1/3 Tasse Honig
- 3 TL Reisweinessig
- 1 TL Wasser
- 4 Lachsfilets

1. In einer Schüssel Sojasauce, Honig, Essig und Wasser vermischen und die Hälfte der Mischung in einer weiteren Schüssel geben.
2. Lachsfilets in einer der Schüsseln im Kühlschrank 2 Stunden marinieren.
3. Die Filets 12 Minuten bei 180°C braten. Nach 8 Minuten wenden und mit der Marinade bestreichen. Weitergaren.

1 Portion: Kalorien: 465; **Fett:** 12g; **Kohlenhydrate:** 48g;

Ballaststoffe: 1g; **Protein:** 39g

LACHS MIT GARNELEN UND PASTA

Portionen: 2 - **VORBEREITUNG:** 20 MINUTEN – **ZUBEREITUNG:** 18 MINUTEN Gesund & Schnell

Einfach umwerfend: Lachs, Garnelen, Bandnudeln und frische Tomaten.

Zutaten

Anweisungen

180°C Braten

- 400g Nudeln, nach Wahl
- 4 EL Pesto
- 4 Lachsfilets
- 2 EL Olivenöl
- 220g Kirchtomaten, geschnitten
- 8 Garnelen, geschält
- 2 EL Zitronensaft
- 2 EL Thymian, gehackt

1. In einem Topf mit gesalzenem, kochendem Wasser die Nudeln hinzufügen. 10 Minuten kochen.
2. In der Zwischenzeit 1 EL Pesto auf dem Boden einer Auflaufform verteilen.
3. Lachs und Tomaten in einer Schicht über das Pesto geben.
4. Anschließend Garnelen darüber verteilen.
5. Auflaufform in die Heissluftfritteuse geben und 8 Minuten lang bei 180°C braten.
6. Mit Nudeln servieren

1 Portion: Kalorien: 592; **Fett:** 23g; **Kohlenhydrate:** 58g;

Ballaststoffe: 4g; **Protein:** 36g

LACHSBURGER

Portionen: 6 - **VORBEREITUNG:** 20 MINUTEN – **ZUBEREITUNG:** 10 MINUTEN

Genießen Sie Ihren Burger einmal mit Fisch anstatt mit Fleisch!

Zutaten

Anweisungen

180°C Braten

- 2 große Kartoffeln, in Würfel geschnitten
- 1 Lachsfilet
- 1 Ei
- ¾ Tasse gefrorenes Gemüse, halbgekocht und abgetropft
- 2 EL Petersilie, gehackt
- 1 TL Dill, gehackt
- Salz und Pfeffer
- 1 Tasse Paniermehl
- ¼ Tasse Olivenöl

1 Portion: Kalorien: 334; **Fett:** 12g; **Kohlenhydrate:** 45g;

Ballaststoffe: 2g; **Protein:** 12g

1. In einem Topf mit kochendem Wasser 10 Minuten kochen. Kartoffel in einer Schüssel zerstampfen.
2. Lachsfilets für 5 Minuten braten und in eine Schüssel geben. Kartoffelpüree, Ei, Gemüse, Kräuter, Salz und Pfeffer hinzufügen.
3. Aus der Mischung 6 Burger formen.
4. Burger mit Paniermehl panieren und mit Öl beträufeln.
5. Bei 180°C für 10 Minuten braten. Bei der Hälfte einmal wenden.

KABELJAU NACH CHINESISCHER ART

Portionen: 2 - **VORBEREITUNG:** 20 MINUTEN – **ZUBEREITUNG:** 15 MINUTEN Chinesisch

KABELJAU „ASIA STYLE"

Zutaten

Anweisungen

180°C Braten

- 2 Kabeljaufilets
- Salz und Pfeffer
- 5 Zuckerwürfel
- ¼ TL Sesamöl
- 5 ½ EL Sojasauce
- 2 Frühlingszwiebeln (grüner Teil), in Scheiben
- ¼ Tasse Koriander, gehackt
- 3 EL Olivenöl
- 5 Ingwerscheiben

1. Jedes Kabeljaufilet gleichmäßig mit Salz und Pfeffer würzen. Mit Sesamöl beträufeln. 20 Minuten ruhen lassen.
2. Frittierkorb einfetten und Fischfilets in den Korb geben. 12 Minuten bei 180°C braten.
3. In der Zwischenzeit in einem Topf Wasser kochen lassen und Zucker sowie Sojasauce hinzugeben. So lange rühren, bis sich der Zucker gelöst hat.
4. Kabeljaufilets mit Frühlingszwiebeln und Koriander servieren.
5. Olivenöl in einer Pfanne bei mittlerer Hitze erhitzen und Ingwer 3 Minuten anbraten.
6. Alles zusammen servieren.

1 Portion: Kalorien: 434; **Fett:** 23g; **Kohlenhydrate:** 7g; **Ballaststoffe:** 2g; **Protein:** 45g

KABELJAU-STÄBCHEN

Portionen: 2 - **VORBEREITUNG:** 20 MINUTEN – **ZUBEREITUNG:** 7 MINUTEN

Eine interessante Geschmackskombination, die euch bestimmt überraschen wird!

 **Zutaten**

 **Anweisungen**

180°C Braten

- 3 hautlose Kabeljaufilets, geschnitten
- ¾ Tasse Mehl
- 4 Eier
- 2 Knoblauchzehen, gehackt
- 1 grüne Chilischote, gehackt
- 2 TL Sojasauce
- Salz und Pfeffer

1. In einer Schüssel Mehl geben und in einer anderen Schüssel Eier, Knoblauch, Chilischote, Sojasauce, Salz und Pfeffer gut vermengen.
2. Jedes Filetstück mit Mehl bestreichen und dann in Eiermischung tauchen.
3. Frittierkorb einfetten und für 7 Minuten bei 180°C braten.

1 Portion: Kalorien: 483; **Fett:** 10g; **Kohlenhydrate:** 37g; **Ballaststoffe:** 1g; **Protein:** 55g

---

GLASIERTER HEILBUTT

Portionen: 3 - **VORBEREITUNG:** 20 MINUTEN – **ZUBEREITUNG:** 15 MINUTEN

Das Hauptvorkommen des Schwarzen Heilbutts ist der gesamte Nordatlantik. Sein delikates und schneeweißes Fischfleisch ist vielseitig verwendbar und reich an Omega-3-Fettsäuren.

 **Zutaten**

 **Anweisungen**

180°C Braten

- 1 Knoblauchzehe, gehackt
- ¼ TL Ingwer, gerieben
- ½ Tasse Sojasauce
- ¼ Tasse Orangensaft
- 2 EL Limettensaft
- ¼ Tasse Zucker
- ¼ TL rote Paprikaflocken
- 400g Heilbuttfilets

1 Portion: Kalorien: 289; **Fett:** 3g; **Kohlenhydrate:** 23g; **Ballaststoffe:** 2g; **Protein:** 34g

1. In einem kleinen Topf Knoblauch, Ingwer, Sojasauce, Säfte, Zucker und rote Paprikaflocken zum Kochen bringen. 4 Minuten unter ständigem Rühren kochen lassen.
2. Die Hälfte der Marinade in eine Schüssel geben und im Kühlschrank aufbewahren.
3. In einem wiederverschließbaren Beutel restliche Marinade und Heilbutt hinzufügen. Für 30 Minuten im Kühlschrank marinieren lassen.
4. Frittierkorb einfetten und Heilbutt für 9-11 Minuten bei 180°C garen.
5. In 3 Stücke servieren und mit der restlichen Sauce servieren.

PESTO SCHELLFISCH

Portionen: 2 - **VORBEREITUNG:** 15 MINUTEN – **ZUBEREITUNG:** 8 MINUTEN Schnell

Dazu schmecken Salzkartoffeln oder kleine Kartoffelspalten aus der Pfanne.

Zutaten

Anweisungen

180°C Braten

- 2 Schellfischfilets
- 1 EL Olivenöl
- Salz und Pfeffer
- 2 EL Pinienkerne
- 3 EL Basilikum, gehackt
- 1 EL geriebener Parmesan
- 1/3 Tasse kaltgepresstes Olivenöl

1. Fischfilets mit Öl bestreichen und mit Salz und Pfeffer würzen.
2. In den Frittierkorb legen und 8 Minuten lang bei 180°C braten.
3. Währenddessen für das Pesto die restlichen Zutaten in der Küchenmaschine geben und gut pürieren.
4. Schellfisch mit Pesto servieren.

1 Portion: Kalorien: 606; **Fett:** 3g; **Kohlenhydrate:** 48g; **Ballaststoffe:** 1g; **Protein:** 42g

---

CAJUN WELS

Portionen: 4 - **VORBEREITUNG:** 15 MINUTEN – **ZUBEREITUNG:** 14 MINUTEN

Schnell, leicht und lecker. Das sind wohl die Worte, die unser kreatives Gericht rund um Welsfilet am besten beschreiben!

Zutaten

Anweisungen

200°C Braten

- 2 EL Maismehl
- 2 TL Cajun-Gewürz
- ½ TL Paprikaflocken
- ½ TL Knoblauchpulver
- Salz
- 2 Welsfilets
- 1 EL Olivenöl

1. In einer Schüssel Maismehl, Cajun-Gewürz, Paprika, Knoblauchpulver und Salz vermischen.
2. Welsfilets hinzufügen und gleichmäßig mit der Mischung bestreichen.
3. Anschließend mit Öl bestreichen.
4. Frittierkorb einfetten und 14 Minuten braten bei 200°C. Bei der Hälfte einmal wenden.
5. Aus der Fritteuse nehmen und Welsfilets servieren.

1 Portion: Kalorien: 320; **Fett:** 24g; **Kohlenhydrate:** 6g; **Ballaststoffe:** 1g; **Protein:** 26g

PANIERTER FLUNDER

Portionen: 3 - **VORBEREITUNG:** 15 MINUTEN – **ZUBEREITUNG:** 12 MINUTEN

Der Flunder hat ein mildes Aroma mit zarter Konsistenz und ist eine kostengünstige Alternative zur beliebten Scholle.

 ## Zutaten

 ## Anweisungen

180°C Braten

- 1 Ei
- 1 Tasse Semmelbrösel
- ¼ Tasse Pflanzenöl
- 3 Flunderfilets
- 1 Zitrone, in Scheiben

1. In einer Schüssel das Ei schlagen und in einer anderen Schüssel die Semmelbrösel und Öl vermischen.
2. Flunderfilets in das Ei tauchen und anschließend in Paniermehl wenden.
3. Für 12 Minuten bei 180°C braten.
4. Mit den Zitronenscheiben servieren.

1 Pro Portion: Kalorien: 520; **Fett:** 23g; **Kohlenhydrate:** 25g;

Ballaststoffe: 1g; **Protein:** 45g

KNUSPRIGER TILAPIA

Portionen: 4 - **VORBEREITUNG:** 15 MINUTEN – **ZUBEREITUNG:** 12 MINUTEN

Schmackhaft mit Ofenkartoffeln und grünem Gemüse

 ## Zutaten

 ## Anweisungen

180°C Braten

- ¾ Tasse Cornflakes, zerkleinert
- 2 ½ EL Pflanzenöl
- 2 Eier
- 4 Tilapia-Filets

Für Dressing

- ½ Tasse Buttermilchpulver
- 1 EL Petersilie
- 2 TL Dill
- 1 TL Schnittlauchzehen
- 1 EL Knoblauchpulver
- 1 EL Zwiebelpulver
- 1 TL Meersalz
- ½ TL Pfeffer

1. Für Dressing in einer Schüssel alle Zutaten fürs Dressing vermischen.
2. Eier in einer Schüssel schlagen und in einer anderen Schüssel Cornflakes, Dressing und Öl vermischen.
3. Fischfilets in das Ei tauchen und dann in der Paniermehlmischung wenden.
4. 12 Minuten bei 180°C braten.

1 Portion: Kalorien: 490; **Fett:** 24g; **Kohlenhydrate:** 20g;

Ballaststoffe: 3g; **Protein:** 46g

SESAMSAMEN-PANIERTER SCHELLFISCH

Portionen: 4 - **VORBEREITUNG:** 15 MINUTEN – **ZUBEREITUNG:** 14 MINUTEN

Der besonders magere Meeresbewohner hat kulinarisch einiges drauf

Zutaten

180°C Braten

- 4 EL Mehl
- 2 Eier
- ½ Tasse Sesam
- ½ Tasse Paniermehl
- 1/8 TL Rosmarin
- Salz und Pfeffer
- 3 EL Olivenöl
- 4 gefrorene Schellfilets

Anweisungen

1. In einer Schüssel Mehl und in einer weiteren Schüssel Eier verquirlen.
2. In einer dritten Schüssel Sesam, Paniermehl, Rosmarin, Salz, Pfeffer und Öl vermischen.
3. Jedes Filet in Mehl wenden und anschließend in Ei tauchen. Zuletzt in Paniermehlmischung wenden.
4. Frittierkorb mit Backpapier auslegen und für 14 Minuten bei 180°C braten. Bei der Hälfte einmal wenden.
5. Servieren.

1 Portion: Kalorien: 490; **Fett:** 24g; **Kohlenhydrate:** 20g;

Ballaststoffe: 3g; **Protein:** 46g

THUNFISCH-FRIKADELLEN

Portionen: 4 - **VORBEREITUNG:** 15 MINUTEN – **ZUBEREITUNG:** 15 MINUTEN

Unsere Thunfischfrikadellen enthalten viel Eiweiß, schmecken richtig lecker und sind für eine Low-Carb-Ernährung sehr gut geeignet

Zutaten

200°C Braten

- 2 Dosen Thunfisch, abgetropft
- 1 ½ EL Mayonnaise
- 1 ½ EL Mandelmehl
- 1 EL Zitronensaft
- 1 TL Dill
- 1 TL Knoblauchpulver
- ½ TL Zwiebelpulver
- Pfeffer und Salz

Anweisungen

1. In einer Schüssel Thunfisch, Mayonnaise, Mehl, Zitronensaft, Dill und Gewürze vermischen.
2. Aus der Mischung 4 Frikadellen formen.
3. Frittierkorb einfetten und Frikadellen in den Frittierkorb legen.
4. 10 Minuten bei 200°C braten.
5. Wenden und weitere 5 Minuten braten.

1 Portion: Kalorien: 200; **Fett:** 10g; **Kohlenhydrate:** 3g;

Ballaststoffe: 1g; **Protein:** 23g

ZITRONEN-KNOBLAUCH GARNELEN

Portionen: 2 - **VORBEREITUNG:** 15 MINUTEN – **ZUBEREITUNG:** 8 MINUTEN

Dazu schmeckt geröstetes Brot.

 ## Zutaten

 ## Anweisungen

200°C Braten

- 1 ½ EL Zitronensaft
- 1 EL Olivenöl
- 1 TL Zitronenpfeffer
- ¼ TL Paprika
- ¼ TL Knoblauchpulver
- 400g geschälte Garnelen

1. In einer Schüssel Zitronensaft, Öl und Gewürze gut mischen.
2. Garnelen hinzugeben und vermengen.
3. Frittierkorb einfetten und auf 200°C heizen.
4. Garnelen 8 Minuten braten.

Kalorien: 170; **Fett:** 3g; **Kohlenhydrate:** 8g; **Ballaststoffe:** 1g; **Protein:** 20g

---

PANIERTE CALAMARI

Portionen: 3 - **VORBEREITUNG:** 20 MINUTEN – **ZUBEREITUNG:** 13 MINUTEN

Gebratene Tintenfischringe sind in ein paar Minuten fertig. Raffinierte Gewürze verleihen diesem Rezept den gewünschten Pepp.

 ## Zutaten

Anweisungen

180°C Braten

- 220g Calamari-Ringe
- 1 Tasse Sodawasser
- 1 Tasse Mehl
- ½ EL Paprikaflocken
- Salz und Pfeffer

Für Sauce

- ¼ Tasse Honig
- 2 EL Srirachasauce
- ¼ TL rote Paprikaflocken

1. Calamari abspülen und in Ringe schneiden.
2. In eine Schüssel mit Sodawasser geben. 10 Minuten ruhen lassen.
3. In einer weiteren Schüssel Mehl, Paprikaflocken, Salz und Pfeffer vermengen.
4. Calamari abtropfen lassen.
5. Ringe in der Mehlmischung wenden.
6. Frittierkorb einfetten und auf 180°C heizen. 11 Minuten lang braten.
7. Währenddessen für Sauce Honig, Sriracha und Paprikaflocken in einer Schüssel verrühren.
8. Calamari-Ringe mit der Sauce bestreichen und weitere 2 Minuten braten.

1 Portion: Kalorien: 307; **Fett:** 1,4g;

Kohlenhydrate: 62g; **Ballaststoffe:** 1g;

Protein: 12g

GARNELEN-SCAMPI PFANNE

Portionen: 3 - **VORBEREITUNG:** 15 MINUTEN – **ZUBEREITUNG:** 7 MINUTEN

Mit gerösteten Baguettescheiben servieren. Guten Appetit!

 **Zutaten**

 **Anweisungen**

180°C Braten

- 4 EL gesalzene Butter
- 1 EL Zitronensaft
- 1 EL gehackter Knoblauch
- 2 TL Paprikaflocken
- 400g geschälte Garnelen
- 2 EL Basilikum
- 1 EL Schnittlauch

1. In eine Backform Butter, Zitronensaft, Knoblauch und Paprikaflocken geben und in den Frittierkorb geben.
2. 2 Minuten bei 180°C garen lassen.
3. Umrühren und weitere Minute garen.
4. Backform aus dem Frittierkorb nehmen und Garnelen, Basilikum, Schnittlauch einrühren.
5. Wieder für 5 Minuten garen lassen. Bei der Hälfte umrühren.

1 Portion: Kalorien: 250; **Fett:** 13g; **Kohlenhydrate:** 3g; **Ballaststoffe:** 4g; **Protein:** 26g

---

KOKOSNUSS-GARNELEN

Portionen 3 - **VORBEREITUNG:** 15 MINUTEN – **ZUBEREITUNG:** 40 MINUTEN

Wer den exotischen Geschmack von süß-scharfen Gerichten mag, der ist beim Rezept für Garnelen in Kokosmilch gerade richtig.

Rezeptfoto

 **Zutaten**

 **Anweisungen**

180°C Braten

- 230ml Kokosmilch
- Salz und Pfeffer
- ½ Tasse geriebene Kokosnuss
- ½ Tasse Panko-Paniermehl
- 400g geschälte Garnelen

1. In einer Schüssel Kokosmilch hinzufügen und in einer anderen Kokosnuss, Paniermehl, Salz und Pfeffer vermengen.
2. Garnelen in Kokosmilch tauchen und mit der Kokosmischung bestreichen.
3. Garnelen in 2 Durchgängen für 20 Minuten bei 180°C braten.

1 Portion: Kalorien: 400; **Fett:** 20g; **Kohlenhydrate:** 11g; **Ballaststoffe:** 1g; **Protein:** 31g

GARNELEN BURGER

Portionen: 2 - **VORBEREITUNG:** 20 MINUTEN – **ZUBEREITUNG:** 6 MINUTEN

Garnelenburger mit Kresse in Brötchen servieren.

 ## Zutaten

 ## Anweisungen

180°C Braten

- ½ Tasse geschälte und gehackte Garnelen
- ½ Tasse Paniermehl
- 2 EL gehackte Zwiebeln
- ½ TL gehackter Ingwer
- ½ TL gehackter Knoblauch
- ½ TL Chilipulver
- ½ TL gemahlener Kreuzkümmel
- ¼ TL gemahlene Kurkuma
- Salz und Pfeffer
- Tassen Babygemüs

1. In einer Schüssel alle Zutaten sehr gut vermengen.
2. Aus der Mischung kleine Frikadellen formen.
3. Frittierkorb einfetten.
4. 6 Minuten bei 180°C braten.

1 Portion: Kalorien: 240; **Fett:** 3g; **Kohlenhydrate:** 37g; **Ballaststoffe:** 4g; **Protein:** 18g

---

CREMIGE JAKOBSMUSCHELN

Portionen 2 - **VORBEREITUNG:** 15 MINUTEN – **ZUBEREITUNG:** 4 MINUTEN

Die Jakobsmuschel kann man auch als Suppe genießen.

Rezeptfoto

 ## Zutaten

 ## Anweisungen

180°C Braten

- 200g Jakobsmuscheln, getupft
- 1 EL Butter, geschmolzen
- ½ EL Thymian
- Salz und Pfeffer

1. In einer Schüssel Jakobsmuscheln, Butter, Thymian, Salz und Pfeffer vermengen.
2. Frittierkorb einfetten und Jakobsmuscheln 4 Minuten lang 180°C braten.

1 Portion: Kalorien: 200; **Fett:** 28g; **Kohlenhydrate:** 4g; **Ballaststoffe:** 2g; **Protein:** 28g

WASABI KRABBEN-PATTIES

Portionen: 6 - **VORBEREITUNG:** 20 MINUTEN – **ZUBEREITUNG:** 24 MINUTEN Krabben mit

Wasabi ist eine großartige Kombination. Mit einem Dip Ihrer Wahl servieren.

 **Zutaten**

180°C Barten

- 3 Frühlingszwiebeln, gehackt
- 1 Paprikaschote, gehackt
- 1 Selleriestange
- ½ Tasse Paniermehl
- 2 Eiweiss
- 3 EL Mayonnaise
- ¼ TL zubereitetes Wasabi
- 1½ Tassen Krabbenfleisch, abgetropft
- Olivenöl
- Etwas Pfeffer

 **Anweisungen**

1. In einer Schüssel Frühlingszwiebel, Pfeffer, Sellerie, Hälfte vom Paniermehl, Eiweiß, Mayonnaise, Wasabi und Salz gründlich vermengen,

2. Krabbenfleisch unterheben.

3. Aus der Mischung Frikadellen formen.

4. Frittierkorb einfetten und in 2 Durchgängen die Patties für 12 Minuten bei 180°C braten. Bei der Hälfte einmal wenden.

1 Portion: Kalorien: 112; **Fett:** 4g; **Kohlenhydrate:** 14g;

Ballaststoffe: 2g; **Protein:** 5g

GEFLÜGELGERICHTE

SCHARFE HÄHNCHENSTREIFEN

Portionen: 12 **- VORBEREITUNG:** 15 MINUTEN **– ZUBEREITUNG:** 15 MINUTEN Schnell

Mit Ihrer Lieblingssuppe servieren.

 ## Zutaten

 ## Anweisungen

180°C Braten

- ¾ Tasse Paniermehl
- 2 TL gehackter Knoblauch
- 1 TL Salz
- 1 TL Pfeffer
- 2 Eier
- 2 EL Wasser
- ½ Tasse Weizenmehl
- Olivenöl
- 12 Hähnchenstreifen

1. In einer Schüssel Paniermehl, Knoblauch, Salz und Pfeffer miteinander vermengen.
2. In einer weiteren Schüssel Eier und Wasser verrühren.
3. Den Frittierkorb mit Backpapier auslegen und mit Olivenöl einfetten.
4. Die Hähnchenstreifen zuerst in Mehl und dann in die Eimischung tauchen.
5. Anschließend in Paniermehl wenden.
6. 10-12 Minuten lang bei 180°C braten. Dann wenden und mit Olivenöl einfetten. 5 Minuten lang frittieren.
7. Die Filets in einer Schüssel mit der Sauce vermengen.

6 Stück: Kalorien 439; **Fett:** 9g; **Kohlenhydrate:** 32g; **Ballaststoffe:** 2g; **Protein:** 52g

BALSAMICO-HÄHNCHENSCHENKEL

Portionen: 4 - **VORBEREITUNG:** 5 MINUTEN – **ZUBEREITUNG:** 22 MINUTEN Schnell

Variationstipp: Balsamico mit Senf oder Barbecue-Sauce ersetzten. Anstelle der Hähnchenschenkel kann man auch knochenlose Hühnerbrust verwenden.

Zutaten

180°C Garen

Glasur

- 1 EL Olivenöl
- 2 TL Balsamico-Essig
- 1 TL gehackter Knoblauch
- 1 TL Honig
- ½ TL Maisstärke
- ¼ TL Salz
- ¼ TL Pfeffer
- Für Hähnchen
- 4 Hähnchenschenkel
- 2 TL gehackter Knoblauch
- 1 TL Salz
- ½ TL Pfeffer
- ¼ TL Zwiebelpulver

2 Schenkel: Kalorien: 567; **Fett:** 4g; **Kohlenhydrate:** 7g; **Ballaststoffe:** 0g; **Protein:** 41g

Anweisungen

1. Für die Glasur in einer Schüssel Olivenöl, Essig, Knoblauch, Honig, Maisstärke, Salz und Pfeffer vermengen. Beiseitestellen.

2. Hähnchen und Frittierkorb mit Olivenöl einfetten.

3. Die Hälfte des Knoblauchs, Salz und Pfeffer auf die Schenkel streuen und 10 Minuten lang bei 180°C braten.

4. Herausnehmen und mit dem restlichen Knoblauch, Salz und Pfeffer bestreuen. Weitere 10 Minuten garen.

5. Anschließend mit der Glasur bestreuen und 2 Minuten in der Fritteuse karamellisieren.

KNUSPRIGE CHICKEN-WINGS

Portionen: 2 - **VORBEREITUNG:** 20 MINUTEN – **ZUBEREITUNG:** 25 MINUTEN

Eine Tomatensauce oder Ofenkartoffel passen sehr gut zu den Chicken-Wings.

Zutaten

180°C Braten

- 2 Stück Zitronengras, gehackt
- 1 Zwiebel, fein gehackt
- 1 EL Sojasauce
- 1 ½ EL Honig
- Salz und weißer Pfeffer
- 220g Hähnchenflügel
- ½ Tasse Maisstärke

Anweisungen

1. In einer Schüssel Zitronengras, Zwiebel, Sojasauce, Honig, Salz und Pfeffer vermengen.

2. Die Hähnchenflügel hinzufügen und über Nacht marinieren lassen.

3. Frittierkorb einfetten. Hähnchenflügel mit Maisstärke bestreichen.

4. In den Frittierkorb legen und 25 Minuten bei 180°C braten. Bei der Hälfte der Zeit einmal wenden.

1 Portion: Kalorien: 724; **Fett:** 36g; **Kohlenhydrate:** 56g; **Ballaststoffe:** 2g; **Protein:** 43g

HÄHNCHEN IN PARMESANKRUSTE

Portionen: 2 - **VORBEREITUNG:** 10 MINUTEN – **ZUBEREITUNG:** 13 MINUTEN Schnell

Variationstipp: Mit Cheddar variieren und Hähnchensauce verwenden.

Zutaten

180°C Garen

- ½ Tasse Semmelbrösel
- 1/3 Tasse Parmesan, gerieben
- ½ Tasse Babyspinat, gehackt
- ¼ Tasse Ricottakäse
- 1 Ei
- 2 Hähnchenbrust, in Scheiben geschnitten
- 2 EL Tomatensauce
- ½ Tasse Mozzarella
- Salz
- Pfeffer

1 Stück: Kalorien: 526; **Fett:** 20g; **Kohlenhydrate:** 23g; **Ballaststoffe:** 2g; **Protein:** 62g

Anweisungen

1. In einer Schüssel Semmelbrösel mit der Hälfte vom Parmesan verrühren. Beiseitestellen.
2. In einer weiteren Schüssel Spinat, Ricotta und mit dem restlichen Parmesan vermengen.
3. In einer Schüssel Ei verquirlen.
4. Das Hähnchen mit Öl einfetten und jeweils mit 2 EL Spinatmischung bestreichen. Zusammenrollen und mit Zahnstocher befestigen.
5. Die Hähnchenrollen in Ei und anschließend in Paniermehlmischung tauchen.
6. Mit Olivenöl einfetten und 12 Minuten lang bei 180°C braten.
7. Aus der Fritteuse nehmen und 1 EL Tomatensauce über jede Hähnchenrolle geben. Mit Mozzarella bestreuen und weitere 1-2 Minuten garen.

ZITRONIGE HÄHNCHENKEULEN

Portionen: 6 - **VORBEREITUNG:** 5 MINUTEN – **ZUBEREITUNG:** 22 MINUTEN Glutenfrei

Der zitronige Geschmack kommt in diesem Gericht schnell zur Geltung. Mit Kartoffeln und Karotten servieren.

Zutaten

180°C Frittieren

- 6 Hähnchenkeulen
- 1 TL Zitronenpfeffer
- ½ TL Salz
- ½ TL gehackter Knoblauch
- ½ TL Zwiebelpulver
- Etwas Olivenöl

Anweisungen

1. Hähnchenkeulen mit Olivenöl einfetten und Backpapier in den Frittierkorb legen.
2. In einer Schüssel Zitronenpfeffer, Salz, Knoblauch und Zwiebelpulver miteinander vermengen.
3. Keulen mit der Hälfte der Gewürzmischung bestreuen.
4. 10 Minuten lang bei 180°C frittieren.
5. Wenden und mit der restlichen Mischung bestreuen. Weitere 12 Minuten braten.

3 Stück: Kalorien: 332; **Fett:** 22g; **Kohlenhydrate:** 2g; **Ballaststoffe:** 0g; **Protein:** 32g

TERIYAKI HÄHNCHEN KEBABS

Portionen: 4 - **VORBEREITUNG:** 10 MINUTEN – **ZUBEREITUNG:** 10 MINUTEN Schnell

Verwenden Sie verschiedene Saucen.

Zutaten

180°C Garen

- 1/3 Tasse Honig
- 1/3 Tasse Teriyaki Sauce
- ½ TL Salz
- ½ TL Pfeffer
- 1 Paprika, gehackt
- 6 Champignons, halbiert
- ½ Tasse Ananasstücke
- 4knochenlose Hähnchenschenkel
- ¼ TL Sesam

Anweisungen

1. Für die Glasur in einer Schüssel Honig, Teriyaki Sauce, Salz und Pfeffer gut mischen.
2. Pfeffer, Champignons und Ananas in einer weiteren Schüssel geben.
3. Das Hähnchenfleisch in Würfel schneiden.
4. Abwechselnd Paprika, Pilze, Ananas und Fleisch in Metallspieße einstecken.
5. Mit Olivenöl einfetten und für 8 Minuten bei 180°C garen.
6. Die Glasur über die Spiesse gießen und für weitere 2 Minuten garen.
7. Mit Sesam servieren.

2 Stück: Kalorien: 544; **Fett:** 11g; **Kohlenhydrate:** 67g;

Ballaststoffe: 2g; **Protein:** 50g

HÄHNCHEN SÜß & SAUER

Tassen: 4 - **VORBEREITUNG:** 10 MINUTEN – **ZUBEREITUNG:** 30 MINUTEN Glutenfrei

Dieses Gericht passt hervorragend zu Reis.

Zutaten

Anweisungen

180°C Garen

Für Sauce

- 1 TL gehackter Knoblauch
- 220g Ananasstücke
- ½ grüne Paprika, gehackt
- 1/8 Tasse gewürfelte rote Zwiebel
- 60 ml Ananas-Saft
- 1 ¾ Tassen Wasser
- ¾ Tasse Zucker
- ½ Tasse Apfelessig
- 1 EL Sojasauce
- ¼ Tasse Maisstärke
- Für Hähnchen
- 2 knochenlose Hähnchenbrust
- ½ Tasse Maisstärke

2 Stück: Kalorien: 679; **Fett:** 4g; **Kohlenhydrate:** 122g; **Ballaststoffe:** 2g; **Protein:** 41g

1. Knoblauch, Ananasstücke und -Saft, Paprika, Zwiebeln, Wasser, Zucker, Apfelessig und Sojasauce in einem Topf bei geringer Hitze miteinander vermischen. Zum Kochen bringen.

2. Die Maisstärke einrühren und 5 Minuten weiterkochen, bis die Sauce eingedickt ist. Beiseitestellen.

3. In der Zwischenzeit das Hähnchen in Scheiben schneiden. In eine Schüssel geben und mit Maisstärke bestreichen.

4. Das Hähnchen in Frittierkorb legen, mit Olivenöl einfetten und 25 Minuten lang bei 180°C braten. Bei der Hälfte der Garzeit wenden und mit Olivenöl einfetten.

5. Das Fleisch in eine Schüssel geben und Sauce darüber gießen.

GEBRATENES HÄHNCHEN MIT KARTOFFELN

Portionen: 2 - **VORBEREITUNG:** 15 MINUTEN – **ZUBEREITUNG:** 55 MINUTEN

Mit diesem Rezept servieren Sie Ihren Liebsten ein kräftiges und ausgewogenes Gericht für den ganz großen Hunger!

Zutaten

Anweisungen

180°C Braten

- 1 ganzes Hähnchen
- Salz und Pfeffer
- 1 EL Olivenöl
- 100g kleine Kartoffeln

1 Portion: Kalorien: 431; **Fett:** 11g;

Kohlenhydrate: 178g; **Ballaststoffe:** 3g;

Protein: 500g

1. Hähnchen mit Salz und Pfeffer würzen.

2. 35 Minuten braten.

3. Das Hähnchen auf eine Platte legen und mit Folie abdecken.

4. Kartoffeln, Öl, Salz und Pfeffer in einer Schüssel vermengen. Bei 180°C die Kartoffeln für 20 Minuten garen.

5. Das Hähnchen mit Kartoffeln servieren.

ANANAS-GLASIERTE HÄHNCHENFLÜGEL

20 Flügel - **VORBEREITUNG:** 10 MINUTEN – **ZUBEREITUNG:** 35 MINUTEN Glutenfrei

Sie können auch gefrorene Flügel verwenden. Erhöhen Sie dabei die Kochzeit um 10 Minuten. Wenn Sie es etwas schärfer mögen, fügen Sie ein Teelöffel scharfe Sauce hinzu.

 ## Zutaten

180°C Garen

Für Glasur

- ¼ Tasse brauner Zucker
- 1 TL Tamari
- 1 TL Reisessig
- 1/8 TL gemahlener Ingwer
- ¼ Tasse Ananassaft
- ¼ Tasse Sojasauce
- ½ TL gehackter Knoblauch

Für Hähnchen

- 900g Hähnchenflügel
- ½ TL Salz
- ½ TL Pfeffer

10 Stück: Kalorien: 782; **Fett:** 50g; **Kohlenhydrate:** 36g; **Ballaststoffe:** 1g; **Protein:** 45g

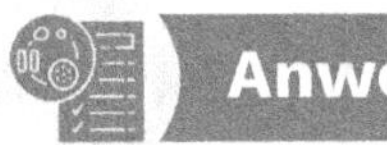 ## Anweisungen

1. Für die Glasur in einem kleinen Topf bei mittlerer Hitze Zucker, Sojasauce, Reisessig, Ingwer, Tamari, Ananassaft und Knoblauch miteinander verrühren. Zum Kochen bringen.
2. Für 5 Minuten köcheln lassen.
3. Die Hähnchenflügel in den Frittierkorb legen und mit Olivenöl einfetten. Mit Salz und Pfeffer bestreuen.
4. 30 Minuten lang bei 180°C braten. Bei 15 Minuten wenden und mit Olivenöl einfetten.
5. Mit der Sauce servieren.

KOREAN CHICKEN-WINGS

6 Frühlingsrollen - **VORBEREITUNG:** 15 MINUTEN – **ZUBEREITUNG:** 20 MINUTEN

Herzhafte Flügel mit einem würzigen Geschmack. Mit Dip wie Blauschimmel-Käse Dressing servieren.

 ## Zutaten

180°C Braten

- Für Sauce
- 1 EL rote Paprikapaste
- 2 TL Mayonnaise
- ½ TL Honig
- 2 TL Sesamöl
- 2 TL gehackter Knoblauch
- 2 TL Zucker
- 1 TL gemahlener Ingwer

Für Huhn

- 450g Hähnchenflügel
- ½ TL Salz

10 Stück: Kalorien: 831; **Fett:** 56g; **Kohlenhydrate:** 34g; **Ballaststoffe:** 1g; **Protein:** 45g

 ## Anweisungen

1. Für die Glasur in einer Schüssel Mayonnaise, Paprikapaste, Honig, Sesamöl, Knoblauch, Zucker und Ingwer miteinander verrühren. Beiseitestellen.
2. Die Hähnchenflügel in den Frittierkorb legen und mit Olivenöl einfetten. Mit Salz und Pfeffer bestreuen.
3. 20 Minuten braten bei 180°C. Bei der Hälfte die Flügel wenden.
4. Flügel in die Schüssel mit der Sauce geben.
5. Überzogene Flügel in den Frittierkorb legen und 5 Minuten braten.

KÄSIGE HÄHNCHEN-FRÜHLINGSROLLEN

6 Frühlingsrollen - VORBEREITUNG: 15 MINUTEN **– ZUBEREITUNG:** 10 MINUTEN Schnell

Sie können diese in einem luftdichten Behälter aufbewahren und bei Bedarf kurz in der Fritteuse aufwärmen.

Zutaten

180°C Backen

- 3 Tassen gebratenes Hähnchengeschnetzeltes
- ½ Tasse Barbecue Sauce
- 1 TL gehackter Knoblauch
- ¼ TL Chilipulver
- 6 Frühlingsrollen-Teig
- 6 Scheiben Cheddar
- Wasser

Anweisungen

1. In einer Schüssel Hühnerfleisch, Barbecue-Sauce, Knoblauch und Chilipulver gut vermengen.

2. Eine Frühlingsrolle mit der Spitze zu Ihnen gerichtet legen. Eine Scheibe Käse jeweils darauf platzieren. ¼ der Mischung jeweils in die Mitte geben. Zusammenrollen und die Seiten zusammenfalten.

3. Ränder befeuchten und bis zum Ende rollen.

4. Einfetten und in den Frittierkorb geben.

5. 5 Minuten bei 180°C backen, wenden und weitere 5 Minuten backen.

2 Stück: Kalorien 695; **Fett:** 25g; **Kohlenhydrate:** 53g; **Ballaststoffe:** 1g; **Protein:** 60g

---

HÄHNCHEN WRAPS

2 Wrap - VORBEREITUNG: 10 MINUTEN **– ZUBEREITUNG:** 4 MINUTEN Schnell

Von dem köstlichen Chicken-Wrap können Wrap Fans nicht genug bekommen. Bei diesem köstlichen Rezept greift jeder gerne zu.

Zutaten

200°C Backen

- 2 Maismehlfladen
- ½ Tasse gefrorene Bohnen
- 2 Tassen gekochten Hähnchen
- 1 gewürfelte

Tomaten
- 100g Nacho-Käse
- ½ Tasse Salat
- 1 Tasse geriebener Käse
- ½ Tasse saure Sahne

2 Stück: Kalorien: 695; **Fett:** 25g; **Kohlenhydrate:** 53g; **Ballaststoffe:** 1g; **Protein:** 60g

Anweisungen

1. Fritteuse vorheizen.

2. Jede der Maismehlfladen mit der Hälfte der Bohnen, Hähnchen, Tomaten, Nacho-Käse, Salat, geriebener Käse und Saure Sahne in die Mitte platzieren.

3. Die Tortillas zusammenrollen. Ränder mit Olivenöl einfetten und bis zum Ende rollen.

4. Einfetten und in den Frittierkorb legen. 2 Minuten lang backen.

5. Wenden und weitere 2 Minuten backen.

6. Mit der sauren Sahne servieren.

HONIG-ÜBERZOGENE TRUTHAHNBRUST

8 Stück - **VORBEREITUNG:** 5 MINUTEN – **ZUBEREITUNG:** 30 MINUTEN Glutenfrei

Variationstipp: Statt Honig können Sie das Rezept auch mit Ahornsirup ausprobieren.

Zutaten

200°C Braten

- ¼ Tasse Honig
- ¼ Tasse Olivenöl
- 1 EL Dijon Senf
- 1 EL geschmolzene Butter
- 2 TL gehackter Knoblauch
- 1 TL Salz
- ½ TL Pfeffer
- 1100g knochenlose Truthahnbrust

Anweisungen

1. In einer Schüssel Honig, Olivenöl, Senf, Butter, Knoblauch, Salz und Pfeffer gut verquirlen.
2. Das Fleisch in den Frittierkorb legen und mit der Honigmischung bestreichen.
3. 20 Minuten bei 200°C braten. Anschließend wieder mit der Honigmischung bestreichen und erneut für 10 Minuten braten.
4. 5-10 Minuten ruhen und in Scheiben schneiden.

2 Stück: Kalorien: 478; **Fett:** 17g; **Kohlenhydrate:** 18g; **Ballaststoffe:** 0g; **Protein:** 70g

---

TRUTHAHNBRUST MIT SÜSSER CHILI-GLASUR

8 Stück - **VORBEREITUNG:** 10 MINUTEN – **ZUBEREITUNG:** 35 MINUTEN Glutenfrei

Variationstipp: Sie können das Rezept auch mit Hühnerbrust ausprobieren. Stellen Sie sicher, dass Sie die Garzeit um 10 Minuten verringern.

Zutaten

200°C Braten

- 1/3 Tasse Chilisauce
- ¼ Tasse Honig
- ¼ Tasse Sriracha Sauce
- 1 TL Reisessig
- 1 TL Maisstärke
- 1 TL rote Paprikaflocken
- 1100g Truthahnbrust

2 Stück: Kalorien: 408; **Fett:** 1g; **Kohlenhydrate:** 31g; **Ballaststoffe:** 0g; **Protein:** 70g

Anweisungen

1. In einem Kochtopf bei mittlerer Hitze Chilisauce, Honig, Sriracha, Reisessig, Maisstärke und Paprikaflocken miteinander gut vermengen.
2. 5 Minuten köcheln lassen, bis die Sauce dickflüssig ist. Beiseitestellen
3. Brust in den Frittierkorb platzieren und 20 Minuten garen.
4. Mit der vorbereiteten Sauce bestreichen. 10 Minuten in der Fritteuse karamellisieren lassen.
5. Einige Minuten ruhen lassen, anschließend in Scheiben schneiden.

TRUTHAHNBRUST TEIGTASCHEN

4 Stück - VORBEREITUNG: 10 MINUTEN **– ZUBEREITUNG:** 17 MINUTEN Glutenfrei

Variationstipp: Das Rezept zum Frühstück mit Rührei und Wurst als Füllung ausprobieren.

Zutaten

160°C Braten

- 220g Truthahnhackfleisch
- ¼ Tasse geriebener Cheddar
- 4 Teigtaschen, aufgetaut
- ¼ Tasse Mais aus der Dose
- ¼ Tasse Bohnen, aus der Dose
- 1 EL Salsa
- 1 Eiweiß
- 1 TL Wasser

Anweisungen

1. Das Truthahnfleisch in einer kleinen Pfanne bei mittlerer Hitze bräunen, bis es durchgekocht ist. 8 Minuten
2. Den Frittierkorb mit Backpapier auslegen.
3. 2 EL Fleisch und eine Prise Käse jeweils in eine Teigtasche geben.
4. Weiterhin kleine Löffel Mais, Bohnen und Salsa in die Schale geben.
5. Die Teigtaschen zusammenfalten.
6. In einer weiteren Schüssel Eiweiß und Wasser verquirlen und die Oberseiten der Teigtaschen damit bestreichen.
7. In den Frittierkorb legen und 8 Minuten backen.

2 Stück: Kalorien: 498; **Fett:** 21g; **Kohlenhydrate:** 47g; **Ballaststoffe:** 4g; **Protein:** 33g

---

PANIERTE HÄHNCHENFILETS

Portionen 4 **- VORBEREITUNG:** 15 MINUTEN **– ZUBEREITUNG:** 15 MINUTEN

Ein einfaches und leckeres Essen, das der ganzen Familie schmeckt und auch bei Kindern richtig gut ankommt

Rezeptfoto

Zutaten

180°C Braten

- 1 Ei, geschlagen
- 2 EL Pflanzenöl
- ½ Tasse Paniermehl
- 8 Hähnchenfilets, ohne Haut

1 Portion: Kalorien: 271; **Fett:** 11g;

Kohlenhydrate: 12g; **Ballaststoffe:** 4g;

Protein: 30g

Anweisungen

1. Ei in einer kleinen Schüssel geben.
2. In einer weiteren Schüssel Öl und Paniermehl vermengen.
3. Hähnchenfilets in Ei und anschließend Paniermehlmischung wenden.
4. Überschüssiges Paniermehl abschütteln.
5. Frittierkorb einfetten und Hähnchenfilets 15 Minuten bei 180°C braten.

HÄHNCHENKEULEN NACH AFRIKANISCHER ART

Portionen: 2 - VORBEREITUNG: 15 MINUTEN **– ZUBEREITUNG:** 33 MINUTEN Glutenfrei

Für die scharfe Sauce können Sie Piri Piri oder Tabasco verwenden.

Zutaten

200°C Braten

Für Hähnchen

- 1 EL gehackter Thymian
- 1 EL gehackter Ingwer
- 1 Schalotte, gehackt
- 2 Knoblauchzehen, gehackt
- 1/3 Tasse scharfe Sauce
- 3 EL Olivenöl
- Saft und Abrieb

von 1 Zitrone

- 1 TL geräucherte Paprika
- ½ TL Salz
- ½ TL Pfeffer
- 4 Hähnchenkeulen

Für Marinade

- 2 EL Butter
- 1 TL gehackter Thymian
- 1 gehackte Knoblauchzehe
- 1 EL Zitronensaft

Anweisungen

1. Für Hähnchen alle Zutaten außer Hähnchen und Marinadezutaten in einer kleinen Schüssel verrühren.
2. Das Hähnchen und Marinade in einen wiederverschließbaren Beutel geben und für 2 Stunden marinieren.
3. Die Hähnchenschenkel in den Frittierkorb legen und für 20 Minuten bei 200°C garen. Bei Hälfte der Garzeit wenden.
4. Währenddessen Butter bei mittlerer Hitze schmelzen lassen. Thymian und Knoblauch hinzufügen und unter Rühren 2 Minuten kochen.
5. 1 EL scharfe Sauce hinzufügen und bei niedriger Hitze 1 Minute köcheln lassen.

1 Portion: Kalorien: 210; **Fett:** 8g; **Kohlenhydrate:** 6g;

Ballaststoffe: 1g; **Protein:** 21g

INGWER-HÄHNCHENKEULEN

Portionen: 3 - VORBEREITUNG: 10 MINUTEN **– ZUBEREITUNG:** 20 MINUTEN

Dazu schmecken Basmati-Reis und Zuckerschoten.

Zutaten

180°C Braten

- ¼ Tasse Kokosnussmilch
- 2 TL gehackter Ingwer
- 2 TL gehackter Galgant
- 2 TL gemahlene Kurkuma
- 3 Hähnchenkeulen

1 Stück: Kalorien: 338; **Fett:** 11g; **Kohlenhydrate:** 2.6g; **Ballaststoffe:** 1g; **Protein:** 46g

Anweisungen

1. In einer Schüssel Kokosnussmilch, Galgant, Ingwer und Gewürze zusammen vermischen.
2. Hähnchenkeulen hinzugeben und 6 Stunden marinieren lassen.
3. Frittierkorb einfetten und Hähnchenkeulen 20 Minuten bei 180°C braten..

FLEISCHBÄLLCHEN NACH AFRIKANISCHER ART

Portionen: 4 - **VORBEREITUNG:** 10 MINUTEN – **ZUBEREITUNG:** 10 MINUTEN

Normalerweise werden Fleischbällchen mit Lammfleisch zubereitet. Dies ist jedoch eine spezielle Art von Fleischbällchen mit Hähnchenfleisch.

Zutaten

200°C Braten

- 220g Hähnchengeschnetzeltes
- 2 Knoblauchzehen, gehackt
- 1 EL Paprikapulver
- 1 TL Salz
- 1 TL Zucker
- 1 TL gemahlener Kreuzkümmel
- ½ TL Pfeffer
- ½ TL gemahlener Fenchel
- ½ TL gemahlener Koriander
- ½ TL Pfeffer
- ¼ gemahlenes Piment

Anweisungen

1. In einer großen Schüssel alle Zutaten vorsichtig vermischen. 30 Minuten ruhen lassen.
2. Die Mischung zu 16 Fleischklößchen formen.
3. In den Frittierkorb geben und für 10 Minuten bei 200°C braten.

1 Portion: Kalorien: 170; **Fett:** 8g; **Kohlenhydrate:** 6g;

Ballaststoffe: 1g; **Protein:** 21g

SÜSS SAURE HÄHNCHENSCHENKEL

Portionen: 2 - **VORBEREITUNG:** 15 MINUTEN – **ZUBEREITUNG:** 20 MINUTEN

Dazu passt Reis oder gebratene asiatische Nudeln. Guten Hunger!

Zutaten

180°C Braten

- 1 Schalotte, fein gehackt
- 1 Knoblauchzehe, gehackt
- ½ EL Sojasauce
- ½ EL Reisessig
- 1 TL Zucker
- Salz und Pfeffer
- 2 Hähnchenschenkel, ohne Haut und Knochen
- ½ Tasse Maismehl

Anweisungen

1. Alle Zutaten außer Fleisch und Maismehl in eine Schüssel vermischen.
2. Die Hähnchenschenkel hinzufügen und marinieren lassen.
3. Das Maismehl in einer weiteren Schüssel geben.
4. Den Frittierkorb einfetten und 20 Minuten lang bei 180°C braten.

1 Portion: Kalorien: 264; **Fett:** 5g; **Kohlenhydrate:** 25g;

Ballaststoffe: 2g; **Protein:** 26g

HÄHNCHEN UND GEMÜSE FAJITAS

Portionen: 6 - **VORBEREITUNG:** 15 MINUTEN – **ZUBEREITUNG:** 23 MINUTEN

Einfaches Rezept mit Hähnchenfleisch. Servieren Sie dazu am besten Tortillas mit geriebenem Käse.

Zutaten

Anweisungen

190°C Braten

Für Hähnchen

- 220g Hähnchenfleisch ohne Knochen und Haut, geschnitten
- 1 EL Pflanzenöl
- 4 ½ TL Taco-Gewürzmischung

Für Gemüse

- 1 Tasse geschnittene Zwiebel
- 1 Tasse geschnittene Paprika
- 2 Jalapeños, geschnitten
- 1 EL Pflanzenöl
- ½ TL Salz
- ½ TL Kreuzkümmel

1. Für Hähnchen in einer Schüssel das Fleisch zusammen mit Pflanzenöl und Taco-Gewürze vermischen.
2. Für Gemüse in einer weiteren Schüssel Zwiebel, Paprika, Jalapeños, Öl, Salz und Kreuzkümmel vermischen.
3. Das Hähnchenfleisch in den Frittierkorb geben und für 10 Minuten bei 190°C braten.
4. Anschließend das Gemüse dazugeben und weitere 13 Minuten lang garen.

1 Portion: Kalorien: 350; **Fett:** 12g; **Kohlenhydrate:** 36g;

Ballaststoffe: 4g; **Protein:** 18g

WÜRZIGE WACHTELN

Portionen: 4 - **VORBEREITUNG:** 15 MINUTEN – **ZUBEREITUNG:** 14 MINUTEN Kulinarisch

Dazu passen knusprig in Butter und Olivenöl gebratene, mit Petersilie bestreute Kartoffeln

Zutaten

Anweisungen

200°C Braten

- 1 TL gehackter Rosmarin
- 1 TL geriebene Zitronenschale
- ¼ TL Paprikaflocken
- 800g Wachteln
- ½ Tasse Olivenöl
- 1 TL frischer Thymian
- ¼ TL Zucker
- Pfeffer und Salz

1. In einer Schüssel Öl, Kräuter, Zitronenabrieb, Zucker und Gewürze mischen. Wachteln dazu geben und mit der Marinade bestreichen.
2. Für 24 Stunden im Kühlschrank marinieren lassen.
3. Die Wachteln in einem Sieb geben und beiseite abtropfen lassen.
4. Garkorb einfetten und bei 200°C für 14-16 Minuten braten.

1 Portion: Kalorien: 523; **Fett:** 34g; **Kohlenhydrate:** 1g;

Ballaststoffe: 2g; **Protein:** 66g

KÄSIGE HÄHNCHENSCHNITZEL

Portionen: 4 - VORBEREITUNG: 15 MINUTEN **– ZUBEREITUNG:** 30 MINUTEN

Dieses Gericht ist genau richtig, um gesund zu genießen! Und dabei sogar richtig proteinreich dank des Hähnchens.

Zutaten

180°C Braten

- ¾ Tasse Weizenmehl
- 2 große Eier
- 1 ½ Tasse Parmesan, gerieben
- 1 EL Senfpulver
- Salz und Pfeffer
- 4 Hähnchenkoteletts, ohne Knochen und Haut
- 1 Zitrone, in Scheiben geschnitten

1 Portion: Kalorien: 503; **Fett:** 12g;

Kohlenhydrate: 39g; **Ballaststoffe:** 1g;

Protein: 46g

Anweisungen

1. In einer Schüssel Mehl hinzufügen.
2. In einer weiteren Schüssel Eier aufschlagen und gut verquirlen.
3. In einer dritten Schüssel Semmelbrösel, Parmesan, Senfpulver, Salz und Pfeffer vermischen.
4. Das Hähnchenfleisch mit Pfeffer und Salz würzen.
5. Das Fleisch zuerst in Mehl, dann in Eier und anschließend in Paniermischung wenden.
6. Den Frittierkorb einfetten und 30 Minuten lang bei 180°C braten.
7. Mit Zitronenscheiben servieren.

KALBSGYROS

Portionen: 4 - VORBEREITUNG: 30 MINUTEN **– ZUBEREITUNG:** 15 MINUTEN Einfach

Diese griechische Spezialität aus der Heißluftfritteuse ist Low Carb und sehr kalorienarm

Zutaten

180°C Braten

- 1 Dosierlöffel neutrales Öl (ca. 4 TL)
- 1 EL Gyrosgewürz
- 500 g Kalbsgeschnetzeltes
- 1 Zwiebel
- 50 ml Sahne
- 1 EL Crème fraîche

1 Portion: Kalorien: 274; **Fett:** 9g;

Kohlenhydrate: 0g; **Ballaststoffe:** 0g;

Protein: 35g

Anweisungen

1. Das Öl mit dem Gyrosgewürz mischen und mit den Händen unter das Fleisch verteilen. (Wer mag, kann übrigens aus jeweils 1 EL getrocknetem Rosmarin, Thymian und Oregano sowie je 1 TL Knoblauchpulver, Paprikapulver, gemahlenem Kreuzkümmel und Salz seine eigene Gewürzmischung zaubern bzw. mörsern.)
2. Die Zwiebel schälen, halbieren, in Halbringe schneiden und unter das Fleisch mengen. Das Fleisch abgedeckt 30 Min marinieren.
3. Das Fleisch in den Garbehälter mit eingesetztem Rührarm geben, Deckel schließen und Timer auf 15 Min einstellen. Gerät starten.
4. Deckel öffnen, Sahne und Crème fraîche dazugeben und weitere 2 Min. garen

SHAWARMA

Portionen: 0 - **VORBEREITUNG:** 40 MINUTEN **– ZUBEREITUNG:** 15 MINUTEN

Mit Tzatziki und Fladenbrot servieren.

 ## Zutaten

 ## Anweisungen

180°C Braten

Für Shawarma-Gewürz

- 2 TL Oregano
- 1 TL Zimt
- 1 TL gemahlener Kreuzkümmel
- 1 TL Koriander
- 1 TL Salz
- ½ TL Piment
- ½ TL Pfeffer

Für Fleisch

- 220g Hähnchenfleisch ohne Knochen und Haut, geschnitten
- 2 EL Pflanzenöl

1. In einer Schüssel Oregano, Pfeffer, Kreuzkümmel, Koriander, Salz, Zimt und Piment gut vermischen.

2. Das Hähnchen, Pflanzenöl und Shawarma-Gewürz in einer Schüssel vermengen.

3. 30 Minuten lang marinieren lassen.

4. Das Hähnchenfleisch in den Frittierkorb geben und 15 Minuten lang bei 180°C braten.

1 Portion: Kalorien: 370; **Fett:** 14g; **Kohlenhydrate:** 46g;

Ballaststoffe: 4g; **Protein:** 38g

FLEISCHGERICHTE

KNOBLAUCH-BUTTERSTEAK

2 Stück - VORBEREITUNG: 7 MINUTEN **– ZUBEREITUNG:** 12 MINUTEN Glutenfrei

Dieses köstliche Steak wird mit einfachen Gewürzen zubereitet und passt gut zu Nudeln.

Zutaten

Für Knoblauchbutter

- 4 EL Butter
- 1 EL Petersilie
- 2 TL geriebener Parmesan
- 1 TL gehackter Knoblauch

Für Steak

- 2 Rib-Eye Steak
- Olivenöl
- 1/8 Salz
- 1/8 Pfeffer

Anweisungen

1. Für die Knoblauchbutter: Butter, Petersilie, Parmesan und Knoblauch in eine kleine Schüssel gut vermischen.
2. Steak aus dem Kühlschrank nehmen und 20 Minuten ruhen lassen.
3. Währenddessen Fritteuse vorwärmen.
4. Das Backpapier in den Frittierkorb legen.
5. Steak mit Olivenöl bestreichen und mit Salz, Pfeffer würzen.
6. Für 12 Minuten bei 200°C braten und einmal währenddessen wenden.
7. Mit Knoblauchbutter servieren.

1 Stück: Kalorien 413; **Fett:** 55g; **Kohlenhydrate:** 1g; **Ballaststoffe:** 0g; **Protein:** 27g

AMERIKANISCHER HACKBRATEN

8 Scheiben - VORBEREITUNG: 20 MINUTEN **– ZUBEREITUNG:** 40 MINUTEN

Mit Reis oder Gemüse servieren.

Zutaten

Anweisungen

180°C Braten

Für Glasur

- 2 EL Ketchup
- 2 TL brauner Zucker
- 1 TL Dijonsenf

Für Hackbraten

- 220g Hackfleisch

- ¼ Tasse Semmelbrösel
- 1 EL Milch
- 1 Dose Jalapeños
- 1 EL gehackter Knoblauch
- 1 EL Ketchup
- 1 TL Worcestersauce

1 Stück: Kalorien: 133; **Fett:** 5g; **Kohlenhydrate:** 11g; **Ballaststoffe:** 1g; **Protein:** 13g

1. In einer kleinen Schüssel Ketchup, Zucker und Senf mit dem Schneebesen verrühren.
2. In einer weiteren Schüssel Hackfleisch, Semmelbrösel, Milch, Jalapeños, Zwiebeln, Knoblauch, Ketchup und Worcestersauce gut vermischen.
3. In eine Brotform geben und anschließend in den Frittierkorb legen.
4. 40-45 Minuten bei 200°C braten. Bei den letzten 5 Minuten Hackbraten mit der Saucenmischung glasieren und weiterbraten.

FRANZÖSISCHE BURGERBRÖTCHEN

6 Burger - VORBEREITUNG: 3 MINUTEN **– ZUBEREITUNG:** 7 MINUTEN Schnell

Mit Cheddar, Schweizer-Käse oder Mozzarella variieren.

Zutaten

Anweisungen

170°C Braten

- 6 Brötchen
- ½ Tasse Röstzwiebeln
- 4 Scheiben Provolone-Käse
- 2 EL Butter, geschmolzen
- ¼ TL Zwiebelpulver
- 1/8 TL gehackter Knoblauch
- 1/8 TL Mohnsamen
- 220g Roastbeef

1. Den Frittierkorb mit Backpapier auslegen.
2. Die Brötchen in 2 Hälften schneiden.
3. 6 Scheiben in den Frittierkorb legen.
4. Die Brötchen mit Roastbeefscheiben, Zwiebeln und Käse belegen.
5. 5 Minuten bei 170°C backen.
6. Restliche Brötchenhälfte mit Butter bestreichen. Zwiebelpulver, Knoblauch und Mohn bestreuen. Brötchenhälften wieder zusammentun.
7. Weitere 2 Minuten backen.

3 Stuck: Kalorien: 951; **Fett:** 48g; **Kohlenhydrate:** 80g; **Ballaststoffe:** 2g; **Protein:** 48g

FRIKADELLEN-SANDWICHES

2 Sandwiches - VORBEREITUNG: 15 MINUTEN **– ZUBEREITUNG:** 12 MINUTEN Schnell

Fleisch variieren und Pute, Huhn oder Wurst verwenden.

Zutaten

170°C Braten

- 220g Rinderhack
- 1 EL Röstzwiebeln
- 2 TL Sojasauce
- 2 TL gehackter Knoblauch
- ½ TL Sesamöl
- 2 EL Semmelbrösel
- ¼ TL Salz
- ¼ TL Pfeffer
- 2 EL Marinara
- 2 EL Parmesan
- 2 TL gehackte Petersilie
- 2 Sandwichbrötchen

1 Stück: Kalorien: 458; **Fett:** 14g; **Kohlenhydrate:** 53g; **Ballaststoffe:** 8g; **Protein:** 36g

Anweisungen

1. Frittierkorb mit Backpapier auslegen.
2. In einer Schüssel Rinderhack, Röstzwiebeln, Sojasauce, Knoblauch, Sesamöl. Semmelbrösel, Salz und Pfeffer vermengen.
3. Mit den Händen gut mischen und je 1 EL zu Fleischklößchen formen.
4. In den Frittierkorb legen und 10 Minuten bei 170°C braten. Einmal wenden währenddessen.
5. Die Sandwiches mit Fleischbällchen belegen und mit Marinara sowie Parmesan bestreichen. Weitere 2 Minuten braten.

KÄSIGE RINDFLEISCHBÄLLCHEN

Portionen: 8 - VORBEREITUNG: 20 MINUTEN **– ZUBEREITUNG:** 28 MINUTEN Glutenfrei

Frikadellen oder Fleischpflanzerl: Die mundgerechten Hackbällchen schmecken allen Kindern gut und eignen sich auch super für den nächsten Kindergeburtstag.

Zutaten

180°C Braten

- 900g Rinderhack
- 1 ¼ Tasse Paniermehl
- ¼ Tasse Reggiano-Käse, gerieben
- 2 Eier
- ¼ Tasse Petersilie, gehackt
- 1 Knoblauchzehe, gehackt
- 1 TL Oregano
- Salz und Pfeffer

Anweisungen

1. Alle Zutaten in eine Schüssel geben und gut vermischen.
2. Aus der Mischung Kugeln formen.
3. Den Frittierkorb mit Backpapier auslegen und Fleischbällchen in 2 Durchgängen jeweils 14 Minuten bei 180°C braten.

1 Portion: Kalorien: 307; **Fett:** 12g; **Kohlenhydrate:** 12g; **Ballaststoffe:** 2g; **Protein:** 39g

GRIECHISCHE BURGER

2 Burger - **VORBEREITUNG:** 8 MINUTEN – **ZUBEREITUNG:** 18 MINUTEN Schnell

Restliche Gewürzmischung in einem luftdichten Behälter für ein nächstes Mal aufbewahren.

Zutaten

Anweisungen

170°C Braten

Gewürzmischung

- ½ TL Ingwer
- ½ TL gemahlener Koriander
- ¼ TL weißer Pfeffer
- ¼ TL gemahlener Zimt
- 1/8 TL gemahlene Kurkuma

Für Dip

- 3 EL griechischer Joghurt
- ½ TL getrockneter

Oregano

Für Fleisch

- 220g Lammhackfleisch
- 1 TL Knoblauchpaste
- ¼ TL Salz
- ¼ TL Pfeffer
- 2 Hamburgerbrötchen
- ¼ Gurke, geschnitten
- ¼ Tasse Sprossen, nach Wahl

1. Für die Gewürzmischung in einer Schüssel Ingwer, Koriander, Pfeffer, Zimt und Kurkuma gut vermengen.
2. Für Dip in einer weiteren Schüssel 1 TL der Gewürzmischung, Joghurt und Oregano gut vermengen.
3. In den Kühlschrank stellen.
4. In einer weiteren Schüssel Lammfleisch, Knoblauch, 1 TL der Gewürzmischung, Salz und Pfeffer gut mit Händen vermengen. Zu Frikadellen formen.
5. 18 Minuten lang bei 170°C braten.
6. Die Brötchen mit Gurken, Sprossen, Fleisch und etwas Dip belegen.

1 Stück: Kalorien: 458; **Fett:** 30g; **Kohlenhydrate:** 2g; **Ballaststoffe:** 8g; **Protein:** 26g

---

HAWAIIANISCHE HOTDOGS

4 Hot Dogs - **VORBEREITUNG:** 3 MINUTEN – **ZUBEREITUNG:** 7 MINUTEN Schnell

Bei Hot Dogs können Sie prima experimentieren.

Zutaten

Anweisungen

180°C Braten

- 4 Hot Dogs
- 1/8 TL Paprika
- 1 EL BBQ-Sauce
- 4 Scheiben Käse
- 4 Hot Dog Brötchen

1. Die Hot Dogs in den Frittierkorb legen und Paprika bestreuen. 6 Minuten bei 180°C braten.
2. Dann die Hotdogs mit BBQ-Sauce bestreichen und 1 Minute weitergaren.
3. Eine Scheibe Käse in ein Brötchen geben. Anschließend die Hotdogs in die Brötchen legen.

1 Stück: Kalorien 521; **Fett:** 28g; **Kohlenhydrate:** 52g;

Ballaststoffe: 2g; **Protein:** 18g

MONGOLISCH FLEISCH

4 Tassen - **VORBEREITUNG:** 10 MINUTEN – **ZUBEREITUNG:** 23 MINUTEN Glutenfrei

Falls Sie es nicht scharf mögen, dann sollten Sie die Paprikaflocken weglassen.

Zutaten

170°C Braten

Für Sauce

- 1/3 Tasse brauner Zucker
- ¼ Tasse Sojasauce
- ¼ Tasse Wasser
- 2 TL gehackter Knoblauch
- 1 TL Sesamöl
- ¼ TL gemahlener Ingwer
- ¼ TL Paprikaflocken

Für Rindfleisch

- 220g Flankensteak
- 2 EL Maisstärke

Anweisungen

1. In einem kleinen Topf bei mittlerer Hitze Zucker, Sojasauce, Wasser, Knoblauch, Sesamöl, Ingwer und Paprikaflocken in einem Topf geben.
2. Mit dem Schneebesen 3 Minuten lang verrühren und köcheln. Beiseitestellen.
3. Steak in dünne Streifen schneiden und in einer Schüssel mit Maisstärke vermengen.
4. Rindfleisch in den Frittierkorb geben und mit Olivenöl einfetten.
5. 10 Minuten lang bei 170°C braten. Wenden und weitere 10 Minuten grillen.
6. Mit der Sauce servieren.

2 Tassen: Kalorien: 440; **Fett:** 16g; **Kohlenhydrate:** 35g;

Ballaststoffe: 2g; **Protein:** 36g

LAMMKOTELETTS

Portionen 4 Puppies - VORBEREITUNG: 15MINUTEN –

ZUBEREITUNG: 30 MINUTEN

Dazu passen Ofenkartoffeln

Zutaten

180°C Braten

- 2 EL Dijonsenf
- 1 EL Zitronensaft
- ½ TL Olivenöl
- 1 TL Estragon
- Salz und Pfeffer
- 8 Lammkoteletts

Anweisungen

1. In einer Schüssel Senf, Zitronensaft, Öl, Estragon, Salz und Pfeffer vermischen.
2. Lammkoteletts hinzufügen und mit der Sauce bestreichen.
3. Frittierkorb einfetten und in 2 Durchgängen für 15 Minuten bei 180°C braten. Bei der Hälfte einmal wenden.

1 Portion: Kalorien: 433; **Fett:** 64g; **Kohlenhydrate:** 1g;

Ballaststoffe: 1g; **Protein:** 60g

MARINIERTES RUMPSTEAK

4 Portion - VORBEREITUNG: 10 MINUTEN **– ZUBEREITUNG:** 11 MINUTEN

Man braucht nicht unbedingt eine Wok-Pfanne, um mariniertes Rindfleisch saftig zu braten. Die Heissluftfritteuse eignet sich auch perfekt dafür

Zutaten

180°C/90°C Braten

Für Marinade

- 2 EL Wasser
- 2 EL Hoisin Sauce
- 2 TL Worcester
- 1 TL gehackter Knoblauch
- 1 TL Zwiebelpulver
- ½ TL Sesamöl
- ½ TL gemahlener Ingwer
- ½ TL Pfeffer

Für Steak

- 220g Rumpsteak, in Streifen
- 1 Tasse Brokkoliröschen
- 1 rote Paprikaschote, in Streifen
- 1 grüne Paprika, in Streifen
- ¼ Zwiebel, in Streifen
- ¼ rote Zwiebel, in Streifen
- 1 EL Sesamöl

2 Tassen: Kalorien: 429; **Fett:** 16g; **Kohlenhydrate:** 25g; **Ballaststoffe:** 8g; **Protein:** 42g

Anweisungen

1. In einer Schüssel Hoisin-Sauce, Knoblauch, Zwiebelpulver, Sesamöl, Ingwer und Pfeffer verrühren.

2. In einem Reissverschlussbeutel Rindfleisch mit der Marinade vermengen. Beutel verschließen und im Kühlschrank 20 Minuten marinieren.

3. Währenddessen in einer Schüssel Brokkoli, rote Paprika, grüne Paprika, Zwiebeln und Sesamöl gut vermischen.

4. Das Gemüse in den Frittierkorb geben und bei 90°C 5 Minuten garen. Danach Gemüse umrühren und 2 Minuten weitergaren.

5. Gemüse in eine Schüssel geben.

6. Rindfleisch in den Frittierkorb legen und für 4 Minuten bei 180°C braten.

7. Rindfleisch in die Schüssel mit dem Gemüse geben.

KRÄUTER-LAMMKEULEN

Portionen: 3 - VORBEREITUNG: 10 MINUTEN **– ZUBEREITUNG:** 75 MINUTEN

Die Lammkeule sieht schwierig zuzubereiten aus, ist sie aber nicht. Nicht abschrecken lassen, es lohnt sich auf jeden Fall!

Zutaten

150°C Braten

- 900g Lammkeule
- 2 EL Olivenöl
- Salz und Pfeffer
- 2 Rosmarinzweige
- 2 Thymianzweige

Anweisungen

1. Lammkeule mit Öl bestreichen und mit Salz & Pfeffer würzen.

2. Lammkeule mit den Kräuterzweigen umwickeln.

3. Frittierkorb einfetten und für 75 Minuten bei 150°C braten.

1 Portion: Kalorien 534; **Fett:** 25g; **Kohlenhydrate:** 3g; **Ballaststoffe:** 2g; **Protein:** 68g

LAMMKOTELETTS MIT GEMÜSE

Portionen: 4 - **VORBEREITUNG:** 20 MINUTEN **– ZUBEREITUNG:** 8MINUTEN

Mit Gemüse gepaart ist Lamm perfekt für Low Carb und Paleo Fans sowie für Ketarier.

Zutaten

180°C Braten

- 2 EL Rosmarin, gehackt
- 2 EL Minzblätter, gehackt
- 3 EL Olivenöl
- Salz und Pfeffer
- 4 Lammkoteletts
- 1 lila Möhre, gewürfelt
- 1 orange Möhre, gewürfelt
- 1 Pastinake, gewürfelt
- 1 Fenchelknolle, gewürfelt

Anweisungen

1. In einer Schüssel Kräuter, Öl, Salz und Pfeffer vermischen.
2. Die Koteletts hinzufügen und 3 Stunden im Kühlschrank marinieren lassen.
3. Das Gemüse in einem Topf mit Wasser 15 Minuten einweichen lassen.
4. Für 2 Minuten bei 180°C braten.
5. Das Gemüse in den Frittierkorb dazugeben und 6 Minuten garen.

1 Portion: Kalorien: 470; **Fett:** 23g;

Kohlenhydrate: 14g; **Ballaststoffe:** 1g; **Protein:** 49g

NUSSIGER LAMMRÜCKEN

Portionen: 5 - **VORBEREITUNG:** 15 MINUTEN **– ZUBEREITUNG:** 35 MINUTEN

Dazu passen Kartoffeln, Reis, Hirse, Bulgur und sogar Pasta.

Zutaten

100/ 180°C Braten

- 1 EL Olivenöl
- 1 gehackte Knoblauchzehe
- Salz und Pfeffer
- 800g Lammrücken
- 1 Ei
- 1 EL Paniermehl
- 85g gehackte Mandeln

1 Portion: Kalorien 340; **Fett:** 20g;

Kohlenhydrate: 4g; **Ballaststoffe:** 1g;

Protein: 31g

Anweisungen

1. In einer Schüssel Öl, Knoblauch, Salz und Pfeffer verrühren.
2. Lammrücken mit der Ölmischung bestreichen.
3. Das Ei in einer Schüssel schlagen und in einer anderen Schüssel Paniermehl mit Mandeln vermischen.
4. Das Lammrücken in das geschlagene Ei tauchen und anschließend in der Mandelmasse wenden.
5. Den Frittierkorb einfetten und für 30 Minuten bei 100°C grillen.
6. Weitere 5 Minuten bei 180°C garen.
7. In einzelne Koteletts schneiden.

WÜRZIGE LAMMSTEAKS

Portionen: 3 - VORBEREITUNG: 15 MINUTEN **– ZUBEREITUNG:** 15MINUTEN

Mit warmem knusprigem Brot servieren.

Zutaten

160°C Grillen

- ½ Zwiebel, gehackt
- 5 Knoblauchzehen
- 1 EL Ingwer
- 1 TL Garam Masala
- 1 TL gemahlener Fenchel
- ½ TL Kreuzkümmel
- ½ TL gemahlener Zimt
- ½ TL Pfeffer und Salz
- 700g Lammfilets

Anweisungen

1. In einem Mixer Zwiebeln, Knoblauch, Ingwer und Gewürze vermischen.
2. Mit den Lammsteaks in eine Schüssel geben und 24 Stunden marinieren lassen.
3. Frittierkorb einfetten und für 15 Minuten bei 160°C grillen. Bei der Hälfte einmal wenden.

1 Portion: Kalorien: 252; **Fett:** 16g;

Kohlenhydrate: 4g; **Ballaststoffe:** 1g; **Protein:** 21g

LAMMKEULE MIT ROSENKOHL

Portionen: 6 - VORBEREITUNG: 20 MINUTEN **– ZUBEREITUNG:** 90 MINUTEN

Dazu passen geschwenkte Butterkartoffeln.

Zutaten

200°C Braten

- 1kg Lammkeule
- 3 EL Olivenöl
- 1 EL Rosmarin, gehackt
- 1 EL Zitronenthymian
- 1 Knoblauchzehe, gehackt
- Salz und Pfeffer
- 500g Rosenkohl, geschnitten
- 2 EL Honig

Anweisungen

1. Mit einem scharfen Messer die Lammkeule an mehreren Stellen einkerben.
2. In einer Schüssel 2 EL Öl, Kräuter, Knoblauch, Salz und Pfeffer vermischen.
3. Die Lammkeule mit der Ölmischung bestreichen.
4. Frittierkorb einfetten.
5. 75 Minuten bei 200°C braten.
6. In der Zwischenzeit den Rosenkohl mit Öl und Honig bestreichen.
7. Rosenkohl in den Frittierkorb dazugeben und für 15 Minuten garen.

1 Portion: Kalorien 449; **Fett:** 20g; **Kohlenhydrate:** 16g;

Ballaststoffe: 2g; **Protein:** 50g

MEXIKANISCHES TACO-STEAK

Portionen: 4 - VORBEREITUNG: 10 MINUTEN **– ZUBEREITUNG:** 8MINUTEN Glutenfrei

Sie können jeden beliebigen Taco-Belag verwenden.

Zutaten

200C Grillen

Für Marinade

- ½ Tasse Orangensaft
- ½ Tasse frischer Koriander
- 2 EL Limettensaft
- 1 EL Olivenöl
- 1 EL Essig
- 1 kleine Dose Jalapeños
- 1 TL Chilipulver
- ½ TL Zucker
- ½ TL Salz
- ½ TL gemahlener Kreuzkümmel

Für Steak

- 1 Hüftsteak
- 6 Maistortillas
- 100g Bohnen, aus Dose
- ½ Tasse geriebener Cheddar
- ½ Tasse Salsa

2 Tacos: Kalorien: 529; **Fett:** 28g;

Kohlenhydrate: 40g; **Ballaststoffe:** 7g; **Protein:** 34g

Anweisungen

1. In einer Schüssel Orangensaft, Koriander, Limettensaft, Olivenöl, Essig, Jalapeños, Chilipulver, Zucker, Salz und Kreuzkümmel gut vermischen.
2. Den Frittierkorb mit Backpapier auslegen.
3. Steak in große Streifen schneiden.
4. Fleisch und die Marinade in einen Reissverschlussbeutel geben und in den Kühlschrank für 30 Minuten stellen.
5. Das Rindfleisch in den Frittierkorb geben und 8 Minuten lang bei 200°C grillen.
6. 10 Minuten ruhen lassen und in kleinere Stück schneiden.
7. Die Tortillas mit Fleisch, Käse und Salsa belegen.

KÄSE-RINDFLEISCH SPIESS

Portionen: 3 - VORBEREITUNG: 15 MINUTEN **– ZUBEREITUNG:** 10 MINUTEN

Mariniertes Rindfleisch passt hervorragend zu Ihren Wraps..

Zutaten

170°C Braten

- • 200g Rinderhack
- • 125g Crème fraîche
- • 2 EL Worcester Sauce
- • 200g Grillkäse
- • 1 EL Gewürze, nach Wahl
- • 1 Prise Paprikagewürz

Anweisungen

1. Das Rindfleisch mit Worcester und Paprikapulver vermengen.
2. 2) Crème fraîche mit Gewürzen vermischen.
3. Den Grillkäse in Stücke schneiden und aus Rinderhack kleine Klopse formen. Abwechselnd auf drei Holzspieße stecken.
4. Bei 170°C für 10 Minuten braten.

1 Portion: Kalorien 522; **Fett:** 41g; **Kohlenhydrate:** 6g;

Ballaststoffe: 0,5g; **Protein:** 34g

KNOBLAUCH LAMMBRATEN

Portionen: 6 - **VORBEREITUNG:** 20 MINUTEN – **ZUBEREITUNG:** 90 MINUTEN

Ein Lammbraten wird gerne zu Ostern serviert und passt auch zu anderen besonderen Gelegenheiten.

Zutaten

180/160°C Braten

- Halbe Lammkeule
- 3 Knoblauchzehen, geschnitten
- 2 EL Olivenöl
- 1 EL Rosmarin
- Pfeffer und Salz

1 Portion: Kalorien: 419; **Fett:** 14g;

Kohlenhydrate: 1g; **Ballaststoffe:** 2g;

Protein: 56g

Anweisungen

1. In einer Schüssel Öl, Rosmarin, Salz und Pfeffer vermischen.

2. Mit einem Messer an mehreren Stellen einkerben. Knoblauchscheiben in die Einkerbungen stecken.

3. Gleichmäßig mit Öl bestreichen.

4. Den Frittierkorb einfetten und bei 180°C für 15 Minuten braten. Anschließend bei 160°C für 1 ¼ Stunde braten.

CHILI CHEESE BURGER

Portionen: 1 - **VORBEREITUNG:** 10 MINUTEN – **ZUBEREITUNG:** 14 MINUTEN

Mariniertes Rindfleisch passt hervorragend zu Ihren Wraps.

Zutaten

200°C Braten

- 150g Rinderhack
- Etwas Burgersauce und Ketchup
- 1 Brioche Burgerbrötchen
- 1 Scheibe Cheddar
- 1 Scheibe Tomaten
- 2 Essiggurken
- 1 Salatblatt
- 1 ½ EL Röstzwiebel
- Etwas Paprikagewürz
- 4 Jalapeños

Anweisungen

1. Das Rindfleisch mit Paprikapulver, 1 EL Röstzwiebel und 1 EL Worcester vermengen. Zu einem Burgerpatty formen.

2. Den Frittierkorb einfetten und bei 200°C für 14 Minuten garen.

3. Burger nun mit allen Zutaten belegen: Patty, Burgersauce, Tomate, Gurke, Jalapeños, Salat.

1 Portion: Kalorien 522; **Fett:** 41g; **Kohlenhydrate:** 6g;

Ballaststoffe: 0,5g; **Protein:** 34g

GEFÜLLTE ZWIEBELN

Portionen: 4 - VORBEREITUNG: 20 MINUTEN **– ZUBEREITUNG:** 45 MINUTEN

Mit Ketchup und gegrillte Tomaten sowie Gurkensalat servieren.

Zutaten

Anweisungen

175°C Braten

- 4 Gemüsezwiebeln
- 30 g Butter
- 50 g geriebener Emmentaler
- 200 g Hackfleisch
- 1 kleine Zwiebel
- 30 g Paniermehl (Brösel)
- 1 TL Majoran
- Salz und Pfeffer

1 Portion: Kalorien: 333; **Fett:** 20g;

Kohlenhydrate: 18g; **Ballaststoffe:** 5g;

Protein: 17g

1. Schälen Sie die Gemüsezwiebeln und kochen sie kurz in Salzwasser, jedoch nicht zu weich, sie sollen noch „Stand" haben. Währenddessen reiben Sie die kleine Zwiebel fein, vermischen sie mit dem Hackfleisch, fügen das Paniermehl und den Majoran hinzu, salzen und pfeffern die Masse

2. Schneiden Sie von den Gemüsezwiebeln oben eine „Kappe" ab und höhlen sie aus. Füllen Sie die Zwiebeln mit der Hackfleischmasse und setzen sie in den Frittierkorb.

3. Braten Sie die Zwiebeln bei 175°C für 20 Minuten. Danach bestreuen Sie die Zwiebeln mit dem geriebenen Käse und überbacken sie noch mal so lange, bis der Käse geschmolzen und goldgelb ist.

GUACAMOLE RINDFLEISCH WRAP

Portionen: 4 - VORBEREITUNG: 15 MINUTEN **– ZUBEREITUNG:** 30 MINUTEN

Mariniertes Rindfleisch passt hervorragend zu Ihren Wraps.

Zutaten

Anweisungen

180°C Braten

- 300g Rindfleisch
- 20 Mais, aus Dose
- 1g Salz
- 1 Avocado
- 20ml Sojasauce
- 10ml Olivenöl
- 1g Petersilie
- 1g Pfeffer, gemahlen
- 2g Chilischoten
- 50g Blattsalat
- 4 Weizentortillas
- 5ml Limettensaft

1. Das Rindfleisch mit Salz, Petersilie, Olivenöl, Pfeffer und Sojasauce in den Frittierkorb geben.

2. Die Marinade über das Fleisch verteilen.

3. 30 Minuten bei 180°C braten.

4. Avocado schälen und entkernen. Chili abspülen. Avocado mit einer Gabel zerdrücken und mit gewürfeltem Chili, Limettensaft, Salz und Pfeffer vermengen.

5. Die Tortillas mit Salat, Avocado, Mais und Rindfleisch belegen.

1 Portion: Kalorien 362; **Fett:** 18g; **Kohlenhydrate:** 29g;

Ballaststoffe: 3g; **Protein:** 21g

RINDERROULADEN

Portionen: 3 - **VORBEREITUNG:** 45 MINUTEN – **ZUBEREITUNG:** 150 MINUTEN

Die klassische Rinderroulade gehört sicher zu den beliebtesten Sonntagsessen in unserem Lande. In gut bürgerlichen Restaurants ist sie der Renner auf der Speisekarte.

Zutaten

130-160°C Braten

- 3 Rouladen vom Rind
- 1 EL Rapsöl
- 1 EL Kartoffelstärke
- 1 Prise Salz und Pfeffer
- 1 Bund Suppengrün
- 2 EL Tomatenmark
- 10g getrocknete Steinpilze
- 1 Lorbeerblatt
- 2 EL Tomatenmark
- 3 EL Senf
- 1 Zwiebel

1 Portion: Kalorien: 323; **Fett:** 18g;

Kohlenhydrate: 6g; **Ballaststoffe:** 2g;

Protein: 30g

Anweisungen

1. Folie über Rouladen legen und abklopfen.
2. Jeweils 1 EL Senf auf Fleisch streichen.
3. Mit Salz und Pfeffer würzen.
4. Zwiebel halbieren und jede Hälfte dritteln und auf Fleisch legen.
5. Fleisch aufrollen und mit Rouladennadel verschließen.
6. Topf mit 1 EL Rapsöl erhitzen und Rouladen 10 Minuten braten. Einmal wenden und mit Salz sowie Pfeffer würzen.
7. Suppengrün fein würfeln und bei mittlerer Stufe 10 Minuten andünsten. 2 EL Tomatenmark unterrühren und 5 Minuten dünsten lassen. Steinpilze dazugeben.
8. Rouladen in den Frittierkorb geben. Mit einer Kelle alles zu dem Frittierkorb geben. Mit Wasser auffüllen.
9. Mit Alufolie gut abdichten und für 60 Minuten bei 130°C braten.
10. Temperatur auf 140°C erhöhen und 60 Minuten garen.
11. Brühe durchsieben und in einer Schüssel auffangen. Einen EL Stärke mit 2 EL kaltem Wasser rühren und zur Brühe geben.
12. Rouladen in den Airfryer geben und bei 160°C für 30 Minuten backen. Ohne Alufolie

RINDERGULASCH

Portionen: 1 - **VORBEREITUNG:** 10 MINUTEN – **ZUBEREITUNG:** 30 MINUTEN

Ein Klassiker, der schmeckt wie bei Oma!

 ## Zutaten

 ## Anweisungen

180°C Braten

- 200g Rindersteaks
- 200ml Rinderbrühe
- 1 Zwiebel
- 100g TK Paprika
- 1 TL scharfe Paprikapulver
- 2 TL süße Paprikapulver
- 1 Prise Salz und Pfeffer

1. Den Frittierkorb einfetten und auf 180°C vorheizen.
2. Das Fleisch würfeln und mit Salz, Pfeffer, scharfe Paprikapulver und Rinderbrühe vermengen.
3. Das süße Paprikapulver und Paprikamark hinzugeben.
4. 30 Minuten lang braten und heiß servieren.

1 Portion: Kalorien: 552; **Fett:** 25g;

Kohlenhydrate: 9g; **Ballaststoffe:** 0,5g; **Protein:** 52g

MARINIERTES KALBFLEISCH

Portionen: 6 - **VORBEREITUNG:** 15 MINUTEN – **ZUBEREITUNG:** 45 MINUTEN

Tipp: Das Fleischstück hinterher in Alufolie einpacken und 15 Minuten ruhen lassen. Das Dressing anrühren, Filet damit übergießen und über Nacht im Kühlschrank durchziehen lassen. Am Folgetag in feine Scheiben schneiden und mit dem Dressing anrichten!

 ## Zutaten

Anweisungen

200°C Braten

- 600 g Kalbsfilet
- 1 Bund Thymian
- 3 EL Olivenöl
- 8 g schwarze Pfefferkörner
- 8 g bunte Pfefferkörner
- 2 Bio-Zitronen

- 1 Prise Salz

Für das Dressing:

- 4 EL Balsamico-Essig
- 4 EL Olivenöl
- 4 Zweige Thymian
- Abrieb einer Bio-Zitrone

1. Zitronen waschen, trocken tupfen und die Schale in Streifen abschneiden. Fleisch mit Öl bepinseln, Thymian waschen und trockenschleudern, in den Garbehälter legen, Fleisch mit Zitronenscheiben darauf verteilen und 10 Minuten bei 140° C backen.
2. Pfefferkörner im Mörser zerkleinern, Fleisch aus dem Gerät nehmen und rundherum mit Salz und Pfeffer würzen.
3. Mit Öl beträufeln und 5 Minuten bei 200° C von beiden Seiten garen.

1 Portion: Kalorien 195; **Fett:** 11g; **Kohlenhydrate:**

9g; **Ballaststoffe:** 0,5g; **Protein:** 52g

CHILI CON CARNE

Portionen: 4 - **VORBEREITUNG:** 15 MINUTEN – **ZUBEREITUNG:** 14 MINUTEN

Zum Abschmecken bieten sich neben der klassischen Chilischote außerdem Gewürze wie Oregano und Kreuzkümmel an.

Zutaten

150°C Braten

- 1 gehackte Zwiebel
- 200ml Fleischbrühe
- 1 EL Olivenöl
- 400g Tomaten, gewürfelt
- 500g Steak, in Streifen
- 200g Mais
- 1 gehackte Knoblauchzehe
- 1 rote Paprika
- 1 Prise Thymian
- 410g rote Bohnen
- 2 rote Chilis, gehackt
- Etwas Pfeffer

Anweisungen

1. Die Hälfte des Olivenöls mit der Zwiebel in den Garkorb geben und für 4 Minuten bei 150°C garen.
2. Fleisch mit Knoblauch, Pfeffer, Chili und Thymian vermischen und in den Garbehälter dazugeben. Für weitere 5 Minuten bei 150°C garen.
3. Restliches Olivenöl, Bohnen, Mais, Tomaten und Bohnen hinzugeben und wieder für 5 Minuten bei derselben Temperatur garen.

1 Portion: Kalorien: 238; **Fett:** 9g;

Kohlenhydrate: 32g; **Ballaststoffe:** 0g; **Protein:** 11g

PANIERTE KALBSLEBER

Portionen: 4 - **VORBEREITUNG:** 15 MINUTEN – **ZUBEREITUNG:** 7 MINUTEN Kulinarisch

Die köstlichen Leberstücke gemeinsam mit dem Salat servieren.

Zutaten

170°C Braten

- 1 Ei
- 2 EL Milch
- 2 EL geriebene Walnüsse
- 1 TL gehackter Kerbel
- 1 TL Petersilie
- Etwas Salz und Pfeffer
- 1 EL Mehl
- 120g Kalbsleber
- Getrockneter Majoran

Anweisungen

1. Ei in einen Teller geben und mit Salz, Milch und Pfeffer vermengen. Gut mischen.
2. Petersilie, Majoran, Walnüsse, Kerbel zu einer Panade mischen.
3. Fleisch zuerst in Mehl, dann in Ei und als Letztes in der Panade wenden.
4. Bei 170°C für 7 Minuten braten.

1 Portion: Kalorien 367; **Fett:** 21g; **Kohlenhydrate:** 9g;

Ballaststoffe: 0g; **Protein:** 35g

HIRSCHRÜCKEN

Portionen: 4 **- VORBEREITUNG:** 10 MINUTEN **– ZUBEREITUNG:** 15 MINUTEN Kulinarisch

Als Beilage passt: Semmelknödel oder Stampfkartoffeln.

Zutaten

Anweisungen

180°C Braten

- Abrieb einer Orange
- 8 Aprikosen
- 2 getrocknete Tomaten
- 1 EL Petersilie
- 150g Hirschrücken
- 1 TL Thymian
- 1 TL Schmand
- Pfeffer und Salz
- 1 Prise Zimt
- 1 Schalotte
- 1 rote Chili
- Etwas Nelkenpulver

1. Nelkenpulver, Salz, Zimt, Pfeffer und Orangenabrieb in einer Schüssel vermengen.

2. Hirschrücken in Streifen schneiden und mit der Würzmischung würzen.

3. Chili, Tomaten, Aprikosen und Schalotten fein würfeln und zum Fleisch hinzufügen und gut vermischen. Mit Salz, Pfeffer und Thymian abschmecken.

4. Garkorb mit Backpapier auslegen und Zutaten hineingeben.

5. Bei 180°C für 15 Minuten braten.

6. Mit Schmand und Petersilie servieren.

1 Portion: Kalorien: 227; **Fett:** 9g; **Kohlenhydrate:** 11g;

Ballaststoffe: 0g; **Protein:** 5g

VEGETARISCH

KARAMELLISIERTE KAROTTEN

Portionen: 4 - VORBEREITUNG: 10 MINUTEN **– ZUBEREITUNG:** 15 MINUTEN

Die Mischung zwischen Karotten und dem selbstgemachten Karamell gibt diesem Gericht einen ganz eigenen Geschmack.

Zutaten

200°C Braten

- ½ Tasse Butter, geschmolzen
- ½ Tasse brauner Zucker
- 1 kleine Tüte Babykarotten

1 Portion: Kalorien: 416; **Fett:** 30g;

Kohlenhydrate: 36,2g; **Ballaststoffe:** 2g;

Protein: 1,3g

Anweisungen

1. Die Heissluftfritteuse auf 200°C vorheizen und den Fritteusenkorb einfetten.
2. Butter und braunen Zucker in einer Schüssel vermischen.
3. Die Karotten mit der Mischung beschichten. Die vorbereiteten Karotten in einer Schicht in den Fritteusenkorb verteilen.
4. 15 Minuten lang braten. Die Karotten auf Servierteller geben.
5. Heiß servieren.

GRÜNE BOHNEN & PILZE AUFLAUF

Portionen: 2 - VORBEREITUNG: 15 MINUTEN **– ZUBEREITUNG:** 12 MINUTEN

Der Auflauf ist neben seinen vielfältigen Vitaminen auch sehr gut für das Immunsystem und damit ideal für den Nachwuchs im Haushalt.

Zutaten

200°C Braten

- 700g grüne Bohnen, in Stücke geschnitten
- 2 Tassen Champignons, in Scheiben geschnitten
- 3 EL Olivenöl
- 2 EL frischer Zitronensaft
- 1 TL gemahlener Salbei
- 1 TL Knoblauchpulver
- 1 TL Zwiebelpulver
- 1/3 Tasse gebratene Zwiebeln
- Salz, Pfeffer

Anweisungen

1. In einer Schüssel die grünen Bohnen, Pilze, Öl, Zitronensaft, Salbei und Gewürze hinzufügen und gut mischen.
2. Die Heissluftfritteuse auf 200°C einstellen und den Fritteusenkorb leicht einfetten.
3. Die Pilzmischung in den vorbereiteten Frittierkorb geben und 10-12 Minuten braten, dabei mehrmals schütteln.
4. Aus der Heissluftfritteuse nehmen und die Pilzmischung in eine Schüssel geben.
5. Mit gebratenen Zwiebeln belegen und servieren.

1 Portion: Kalorien 65; **Fett:** 1,6g; **Kohlenhydrate:** 11g;

Ballaststoffe: 1g; **Protein:** 3g

OKRA MIT GRÜNE BOHNEN

Portionen: 2 - VORBEREITUNG: 10 MINUTEN **– ZUBEREITUNG:** 20 MINUTEN

Dieses proteinreiche Gericht ist eine super Alternative für Fleisch- oder Fischgerichte.

 **Zutaten**

200°C Braten

- 300g gefrorene Okra, in Stücke geschnitten
- 300g gefrorene grüne Bohnen, in Stücke geschnitten
- ¼ Tasse Nährhefe
- 3 EL Balsamico-Essig
- Salz
- Pfeffer

 **Anweisungen**

1. In eine Schüssel Okra, grüne Bohnen Nährhefe, Essig, Salz und den Pfeffer geben und gut mischen.
2. Die Heissluftfritteuse auf 200°C einstellen und den Fritteusenkorb einfetten.
3. Die Okra-Mischung in den vorbereiteten Frittierkorb geben.
4. Etwa 20 Minuten braten, dabei mehrmals schütteln.
5. Aus der Fritteuse nehmen und das Gericht heiß servieren.

1 Portion: Kalorien: 125; **Fett:** 1,3g;

Kohlenhydrate: 19g; **Ballaststoffe:** 1g; **Protein:** 11,9g

---

GEBACKENES GEMÜSE

Portionen: 4 - VORBEREITUNG: 15 MINUTEN **– ZUBEREITUNG:** 30 MINUTEN

Das gebackene Gemüse am besten mit Sauce Remoulade oder Sauce Tartar und Salat garniert servieren.
Statt Sonnenblumenöl eignet sich auch Rapsöl hervorragend zum Frittieren.

 **Zutaten**

180°C Braten

- 1 Brokkoli
- 1 Zucchini
- 250 g Champignons

Zum Panieren:

- 150 g Mehl
- 200 g Brösel
- 2 Eier (groß)
- Salz
- 1 TL Sonnenblumenöl

1 Portion: Kalorien 51; **Fett:** 3,7g;

Kohlenhydrate: 4,2g; **Ballaststoffe:** 0g;

Protein: 1,7g

 **Anweisungen**

1. Brokkoli mit einem kleinen Messer zerteilen, Strunk entfernen und die Brokkoli-Rosen ggf. halbieren.
2. In etwas kochendem Salzwasser ca. 20 Sekunden überkochen, danach in eiskaltem Wasser abkühlen (= Blanchieren). Auf Küchenpapier abtrocknen lassen.
3. Die Enden der Zucchini abschneiden, Rest schräg in ca. 1 cm dicke Scheiben schneiden. Champignons putzen, große Pilze halbieren oder vierteln.
4. Das Gemüse zuerst in Mehl wenden, durch die verquirlten, gesalzenen Eier ziehen und zuletzt mit den Bröseln panieren.
5. Das Gemüse in die Heißluftfritteuse geben, etwas Öl in den Garraum hinzufügen und bei 185 °C ca. 8-10 Minuten knusprig backen.

GEWÜRZTE AUBERGINE

Portionen: 3 **- VORBEREITUNG:** 15 MINUTEN **– ZUBEREITUNG:** 25 MINUTEN

Diese Auberginen sind perfekt für das Abendessen. Es ist Low Carb und hat viele Nährstoffe zugleich.

Zutaten

160/180°C Braten

- 2 mittelgroße Auberginen, gewürfelt
- 2 EL Butter, geschmolzen
- 1 EL Maggi-Gewürzsauce
- 1 TL Knoblauchpulver
- 1 TL Zwiebelpulver
- Salz und Pfeffer nach Bedarf
- 1 EL frischer Zitronensaft
- 2 EL Parmesan, zerkleinert

1 Portion: Kalorien: 170; **Fett:** 8,9g;

Kohlenhydrate: 9,1g; **Ballaststoffe:** 1g;

Protein: 5g

Anweisungen

1. Die Heissluftfritteuse auf 160°C vorheizen und Fritteusenkorb einfetten.

2. In eine Schüssel die Auberginenwürfel, Butter, Gewürzsauce und restlichen Gewürze geben.

3. Die gewürzten Auberginenwürfel in einer Schicht in den vorbereiteten Fritteusenkorb legen.

4. 15 Minuten braten und anschließend den Fritteusenkorb herausnehmen und durchschütteln.

5. Die Heissluftfritteuse auf 180°C stellen und weitere 10 Minuten braten.

6. Auberginen herausnehmen und Zitronensaft sowie Parmesan hinzufügen. Sofort servieren.

GEBACKENE HAFER

Portionen: 2 - VORBEREITUNG: 5 MINUTEN **– ZUBEREITUNG:** 15 MINUTEN

Die gebackenen Haferflocken sind einfach nur köstlich und dabei gesund, lecker und ruck zuck gemacht!
Man rührt nur eben alle Zutaten zusammen und backt sie für 15 Minuten.

Zutaten

200°C Braten

- 100 g Haferflocken zart + grob
- 2 EL Mandelblättchen (wahlweise)
- 200 g Pflanzendrink
- 130 g Himbeeren, auch TK (o. andere Früchte)
- 2 EL Ahornsirup (
- 1 TL Ceylon-Zimt (wahlweise)
- 1 Pr. Salz
- 0.5 TL Vanilleextrakt
- 0.5 TL Öl für die Form
- 2 EL Mandelblättchen zum Toppen (wahlweise)

Anweisungen

1. Form leicht einfetten.
2. Alle Zutaten in einer Schüssel mischen. In die Form füllen und etwas verstreichen, damit die Masse eben ist.
3. Obenauf noch ein paar Mandelblättchen verteilen und leicht andrücken.
4. Auf 160 °C für circa 15 Minuten goldbraun backen.

1 Portion: Kalorien: 211; **Fett:** 4,5g;

Kohlenhydrate: 9g; **Ballaststoffe:** 0g; **Protein:** 3,7g

GEFÜLLTE PELLKARTOFFEL

Portionen: 2 - VORBEREITUNG: 15 MINUTEN **– ZUBEREITUNG:** 15 MINUTEN

Das Großartige an diesem Gericht ist, dass Sie bei der Füllung sehr flexibel sein können.

Zutaten

180°C Braten

- 2 Kartoffeln
- 1 EL Mozzarella, zerkleinert
- 3 EL Sauerrahm
- 1 EL Butter, erweicht
- 1 TL Schnittlauch, gehackt
- Salz und Pfeffer nach Bedarf

1 Portion: Kalorien 265; **Fett:** 9g;

Kohlenhydrate: 25g; **Ballaststoffe:** 5g;

Protein: 6g

Anweisungen

1. Mit einer Gabel in die Kartoffeln einstechen. Frittierkorb einfetten, Kartoffeln in den vorbereiteten Frittierkorb legen und 15 Minuten bei 180°C braten.
2. Die restlichen Zutaten in eine Schüssel geben und vermischen.
3. Aus der Heissluftfritteuse nehmen und die Kartoffeln auf einen Teller legen.
4. Die Kartoffel längs aufschneiden und mit der Mischung füllen.
5. Sofort servieren.

PIZZA AUS PILZ

Portionen: 2 - VORBEREITUNG: 15 MINUTEN **– ZUBEREITUNG:** 6 MINUTEN

Pizza ohne Teig? – Ja, das gibt es wirklich. Statt Teig benutzen wir die dafür Portobello-Pilze.

Zutaten

160°C Braten

- 2 Portobello-Pilze, alternativ große Champignons
- 2 EL Olivenöl
- 1/8 TL getrocknete italienische Gewürze
- 2 EL passierte Tomaten
- 2 EL Mozzarella-Käse, zerkleinert
- 2 Oliven, entkernt und in Scheiben geschnitten
- 2 EL Parmesan, gerieben
- 1 TL Paprikaflocken, zerkleinert
- Salz, nach Geschmack

Anweisungen

1. Die Heissluftfritteuse auf 160°C vorheizen und den Fritteusenkorb einfetten.
2. Mit einem Löffel die Mitte jeder Pilzkappe rauslöffeln. Jede Pilzkappe von beiden Seiten mit Öl bestreichen.
3. Die Innenseite der Kappen mit italienischem Gewürz und Salz bestreuen.
4. Die passierten Tomaten gleichmäßig über beide Kappen verteilen, gefolgt von Oliven und Mozzarella.
5. Pilzkappen in den vorbereiteten Fritteusenkorb legen. 5-6 Minuten braten.
6. Aus der Heissluftfritteuse nehmen und sofort mit Parmesan und Paprikaflocken abschmecken.

1 Portion: Kalorien: 251; **Fett:** 21g;

Kohlenhydrate: 5,8g; **Ballaststoffe:** 1g; **Protein:** 13,4g

---

GRIECHISCHE KARTOFFELPFANNE

Portionen: 2 - VORBEREITUNG: 10 MINUTEN **– ZUBEREITUNG:** 20 MINUTEN

Dazu passen Joghurt-Feta-Dip und vielleicht ein leichter Gurkensalat

Zutaten

160°C Braten

- 1 gehackte Zwiebel
- 1 Karotte, geraspelt
- 1 ½ EL Mehl
- ½ Tasse Gemüsebrühe
- 2 EL griechischer Joghurt
- Pfeffer und Salz
- 2 Kartoffel, zerkleinert

Anweisungen

1. In einer Pfanne Öl erhitzen, Zwiebel und Karotte hinzufügen. 3-4 Minuten garen.
2. Kartoffeln, Mehl, Brühe, Salz, Pfeffer und Lorbeerblatt hinzugeben und umrühren.
3. Bei 160°C für 16 Minuten kochen.
4. Griechischer Joghurt hinzufügen und auf Teller servieren.

1 Portion: Kalorien 198; **Fett:** 3g; **Kohlenhydrate:** 6g;

Ballaststoffe: 2g; **Protein:** 8g

KÄSEBRÖTCHEN

Portionen: 2 - VORBEREITUNG: 10 MINUTEN **– ZUBEREITUNG:** 5 MINUTEN

Käsebrötchen selber backen wie vom Bäcker. Mit unserem simplen Rezept ist das ganz einfach.

 ## Zutaten

 ## Anweisungen

180°C Braten

- 2 Brötchen
- ½ Tasse Parmesan, gerieben
- 2 EL ungesalzene Butter, geschmolzen
- ½ TL Knoblauchpulver und Salz

1 Portion: Kalorien: 608; **Fett:** 33g;

Kohlenhydrate: 47,6g; **Ballaststoffe:** 2g;

Protein: 33,1g

1. Die Brötchen bis zur Hälfte in Kreuzform schneiden. Die Schlitze gleichmäßig mit Käse füllen.
2. Die Oberseite jeder Rolle mit Butter bestreichen und dann mit dem Knoblauchpulver und Salz abschmecken.
3. Die Heissluftfritteuse auf 180°C vorheizen und Fritteusenkorb einfetten.
4. Anschließend Brötchen in den vorbereiteten Frittierkorb legen. 5 Minuten oder bis der Käse vollständig geschmolzen ist, backen.
5. Heiß servieren.

KÄSE-SPINAT

Portionen: 3 - VORBEREITUNG: 15 MINUTEN **– ZUBEREITUNG:** 15 MINUTEN

Dazu passen Joghurt-Feta-Dip und vielleicht ein leichter Gurkensalat

 ## Zutaten

 ## Anweisungen

175/200°C Braten

- 300g gefrorener Spinat, aufgetaut
- ½ Tasse Zwiebel, gehackt
- 2 TL Knoblauch, gehackt
- 100 g Frischkäse
- ½ TL gemahlene Muskatnuss
- Salz und Pfeffer, je nach Bedarf
- ¼ Tasse Parmesan, zerkleinert

1. Spinat, Zwiebel, Knoblauch, Frischkäse, Muskatnuss, Salz und Pfeffer in einer Schüssel gut mischen.
2. Die Heissluftfritteuse auf 175°C vorheizen und Fritteusenkorb einfetten.
3. Die Spinatmischung in die vorbereitete Heissluftfritteuse geben. 10 Minuten braten.
4. Aus der Heissluftfritteuse nehmen und gut umrühren. Die Spinatmischung gleichmäßig mit Parmesan bestreuen.
5. Die Heissluftfritteuse auf 200°C stellen und weitere 5 Minuten braten. Heiß servieren.

1 Portion: Kalorien 194; **Fett:** 15g; **Kohlenhydrate:** 7,3g;

Ballaststoffe: 0g; **Protein:** 8,2g

ASIATISCHE CURRYPFANNE

Portionen: 4 - VORBEREITUNG: 20 MINUTEN **– ZUBEREITUNG:** 18 MINUTEN Deftig

Anstelle von Gemüsebrühe können Sie auch eine fertige Tiefkühl-Gemüsemischung oder noch besser frisches Gemüse verwenden.

Zutaten

Anweisungen

180°C Braten

- 2 TL Gemüsebrühe
- 1 Knoblauchzehe
- 2 Stangen Porree
- Ein Kochbeutel Reis
- Öl
- 2 Paprika, gelb & rot
- 75g Frischkäse

1. Reisbeutel nach Kochanleitung zubereiten.
2. Währenddessen den kleingehackten Knoblauch und Paprika mit wenig Öl bei 180°C für 6 Minuten garen.
3. Gemüsebrühe dazugeben und die gewürfelten Tomaten hinzufügen. Für weitere 6 Minuten garen.
4. Frischkäse beigeben und weitere 5 Minuten garen.
5. Reis untermischen und servieren.

1 Portion: Kalorien: 355; **Fett:** 7g;

Kohlenhydrate: 52g; **Ballaststoffe:** 5g; **Protein:** 27g

MAIS AM SPIESS

Portionen: 2 - VORBEREITUNG: 10 MINUTEN **– ZUBEREITUNG:** 25 MINUTEN

Mais ist einer der beliebtesten Gemüsesorten in Europa. Vor allem der Eigengeschmack und die vielen wichtigen Nährstoffe, die es enthält, machen ihn so beliebt.

Zutaten

Anweisungen

165°C Backen

- ½ kg halbierte Aprikosen
- 2 Maiskolben
- 2 Paprikas, in große Stücke geschnitten
- 2 TL Senf
- 1 Prise Salz und Pfeffer

1. Heissluftfritteuse auf 165°C vorheizen und die Grillpfanne der Heissluftfritteuse platzieren.
2. Spieße mit dem Mais, Aprikosen und den Paprika füllen.
3. Dann mit Salz und Pfeffer würzen.
4. Die Spieße auf die Pfanne platzieren und dir Fritteuse für 25 Minuten bei 165°C kochen.
5. Anschließend die fertigen Spieße mit dem Senf einschmieren.

1 Portion: Kalorien 341; **Fett:** 2g; **Kohlenhydrate:** 81g;

Ballaststoffe: 0g; **Protein:** 7g

SELBSTGEMACHTE GEMÜSECHIPS

Portionen: 2 - **VORBEREITUNG:** 20 MINUTEN – **ZUBEREITUNG:** 27 MINUTEN

Die selbstgemachten Gemüsechips sind einer der gesündesten Varianten von Chips!

Zutaten

200°C Frittieren

- 3 Stück Kartoffeln (festgekocht)
- 3 Stück Karotten
- 1 Stück Süßkartoffeln
- 2 Stück Rote Beete (roh)
- 2 EL Rapsöl
- 1 Prise Salz
- Prise Pfeffer

1 Portion: Kalorien: 181; **Fett:** 6g;

Kohlenhydrate: 16g; **Ballaststoffe:** 0g;

Protein: 5g

Anweisungen

1. Kartoffeln, Süßkartoffeln und Rote Beete in dünne Scheiben schneiden, bestenfalls mit einem Hobel. Die Karotten der Länge nach in dünne Stifte schneiden.

2. Kartoffelscheiben für ca. 15 Minuten in kaltes Wasser einlegen (gegen die Stärke).

3. Kartoffelscheiben im Airfryer für ca. 2 Minuten trockenföhnen (180°C).

4. Die Gemüsescheiben nun mit den Gewürzen und dem Öl in eine Schüssel geben und gut durchmischen.

5. Anschließend in den Garbehälter füllen und die Chips im Airfryer bei 200°C für insgesamt 25 Minuten mit Heißluft knusprig frittieren.

6. Nach der Hälfte der Zeit durchschütteln.

GEMÜSELASAGNE

Portionen: 4 - **VORBEREITUNG:** 20 MINUTEN – **ZUBEREITUNG:** 30 MINUTEN

Zu einer leckeren Lasagne mit Gemüse passt am allerbesten ein frischer Salat.

Zutaten

Anweisungen

180°C Kochen

- 1 Karotte
- 1 Paprika
- 1 Stange Lauch
- 1 Zucchini
- 1 Knoblauchzehe
- 60g Champignons
- 1 Rosmarinzweig
- 40g Parmesan
- 100ml Tomatensaft
- 1 Lorbeerblatt
- Etwas Béchamelsauce
- 4 Lasagneblätter
- Olivenöl
- Pfeffer und Salz
- Butterflocken

1 Portion: Kalorien: 300; **Fett:** 7g;

Kohlenhydrate: 43g; **Ballaststoffe:** 2g;

Protein: 15g

1. Gemüse waschen, schälen und Paprika entkernen.
2. Lauch und Zucchini in Scheiben schneiden. Paprika in Streifen schneiden. Karotten, Zwiebel und Knoblauch fein würfeln.
3. Parmesan fein reiben und Kräuter fein hacken.
4. Zwiebel, Knoblauch, Champignon und Gemüse in Öl anbraten. Tomatensaft dazu geben und mit Kräutern abschmecken.
5. So lange kochen, bis sie eingedickt ist.
6. Backform bzw. Garkorb einfetten und eine Schicht Béchamelsauce auf den Boden geben. Dann eine Schicht Gemüse, eine Schicht Béchamelsauce und eine Schicht Lasagneblätter. Wiederholen, bis die Zutaten aufgebraucht sind. Die letzte Schicht sollte aber Béchamelsauce sein.
7. Mit Butterflocken und Parmesan bestreuen.
8. Für 30 Minuten bei 180°C backen.

VEGANE REZEPTE

BUTTERNUSSKÜRBIS

Dieses Rezept ist ideal zum Variieren. Probieren Sie unterschiedliche Kerne mit verschiedenen Gewürzen aus.

Zutaten

Anweisungen

190°C Braten

- 1 mittlerer Butternusskürbis, geschält, entkernt und in Stücke geschnitten
- 2 TL Kreuzkümmel
- 1/8 TL Knoblauchpulver
- 1/8 TL Chilipulver
- Salz und Pfeffer, je nach Bedarf
- 1 EL Olivenöl
- 2 EL Pinienkerne
- 2 EL frischer Koriander, gehackt zum Garnieren

1. Heissluftfritteuse auf 190°C vorheizen und Fritteusenkorb einfetten.
2. Den Kürbis, die Gewürze und das Öl in eine Schüssel geben und mischen.
3. Butternusskürbisstücke in den vorbereiteten Frittierkorb legen. Etwa 20 Minuten braten, dabei gelegentlich schütteln.
4. Aus der Heissluftfritteuse nehmen und mit Pinienkernen und Koriander garnieren.

1 Portion: Kalorien: 165; **Fett:** 6,8g;

Kohlenhydrate: 27g; **Ballaststoffe:** 1g; **Protein:** 3,2g

SPARGEL MIT MANDEL

Der Mix aus dem weichen Spargel und den knackigen Mandeln gibt diesem Rezept einen unglaublichen Geschmack!

Zutaten

Anweisungen

200°C Backen

- 500 g Spargel
- 2 EL Olivenöl
- 2 EL Balsamico-Essig
- Salz und Pfeffer, je nach Bedarf
- 1/3 Tasse Mandeln, in Scheiben geschnitten

1. Spargel, Öl, Essig, Salz und Pfeffer in einer Schüssel vermischen.
2. Heissluftfritteuse auf 200°C vorheizen und Fritteusenkorb einfetten.
3. Spargel in einer Schicht in den vorbereiteten Fritteusenkorb geben und mit den Mandelscheiben belegen.
4. Ca. 5-6 Minuten braten. Aus der Luftfritteuse nehmen und heiß servieren.

1 Portion: Kalorien 173; **Fett:** 14,4g; **Kohlenhydrate:** 8,1g;

Ballaststoffe: 1g; **Protein:** 5,6g

WÜRZIGE TOFU

Portionen: 3 - VORBEREITUNG: 10 MINUTEN **– ZUBEREITUNG:** 13 MINUTEN

Tofu ist wohl mit Abstand der beste Fleischersatz für Veganer. Sowohl der Geschmack als auch die Optik dieses Gerichts lässt sich nur sehr schwer von einem Fleischgericht unterscheiden.

Zutaten

190°C Braten

- 400g Tofu, gewürfelt
- 1½ EL Avocadoöl
- 3 TL Maisstärke
- 1½ TL Paprikapulver
- 1 TL Zwiebelpulver
- 1 TL Knoblauchpulver
- Salz und Pfeffer nach Bedarf

Anweisungen

1. In einer Schüssel das Tofu, Öl, Maisstärke und Gewürze gut mischen.
2. Heissluftfritteuse auf 190°C vorheizen und Fritteusenkorb einfetten.
3. Tofu-Würfel in einer Schicht in den vorbereiteten Fritteusenkorb legen.
4. Etwa 13 Minuten braten, bei der Hälfte der Zeit einmal durchschütteln. Heiß servieren.

1 Portion: Kalorien: 121; **Fett:** 6,6g; **Kohlenhydrate:** 7g; **Ballaststoffe:** 1g; **Protein:** 11,2g

---

TOFU FRITTIERT MIT REISMEHL

Portionen: 4 - VORBEREITUNG: 15 MINUTEN **– ZUBEREITUNG:** 28 MINUTEN

Die Nuggets für Veganer, neben dem Tofu können Sie mit demselben Prinzip auch Obst und Gemüse frittieren. Achten Sie nur darauf, dass es die nötige Konsistenz zum Frittieren mitbringt.

Zutaten

180°C Backen

- 300 g Tofu, gewürfelt
- 2 EL Maisstärke
- ¼ Tasse Reismehl
- Salz und Pfeffer, je nach Bedarf
- 2 EL Olivenöl

Anweisungen

1. Maisstärke, Reismehl, Salz und Pfeffer in einer Schüssel vermischen.
2. Den Tofu gleichmäßig mit der Mehlmischung bestreichen und mit Öl beträufeln.
3. Anschließend den Frittierkorb einfetten und das Tofu in die Heissluftfritteuse geben.
4. Bei 180°C jede Seite ca. 14 Minuten braten.
5. Aus der Heissluftfritteuse nehmen und den Tofu warm servieren.

1 Portion: Kalorien 241; **Fett:** 15,2g; **Kohlenhydrate:** 17g;

Ballaststoffe: 1g; **Protein:** 12,1g

GEMÜSE BURGER

Das Gemüse, das für die Pattys benutzt wurde, kann individuell angepasst werden.

Zutaten

180°C Braten

- 1 Tasse gekochte schwarze Bohnen
- 2 Tassen Salzkartoffeln, geschält und püriert
- 1 Tasse frischer Spinat, gehackt
- 1 Tasse frische Pilze, gehackt
- 2 TL Chilipulver
- Olivenöl
- 6 Tassen frische Salatblätter

Anweisungen

1. Die Bohnen, Kartoffeln, Spinat, Pilze und Gewürze in eine Schüssel geben und mit den Händen mischen.
2. Aus der Mischung 4 gleich große Pattys formen.
3. Heissluftfritteuse auf 180°C vorheizen und Fritteusenkorb einfetten.
4. Die Gemüsepattys in einer Schicht in den vorbereiteten Fritteusenkorb legen. Etwa 12 Minuten braten.
5. Die Patties umdrehen und weitere 6-7 Minuten braten.
6. Heissluftfritteuse auf 145°C stellen und weitere 3 Minuten braten. Die Gemüsepattys mit dem Salat servieren.

1 Portion: Kalorien: 244; **Fett:** 1g;

Kohlenhydrate: 45,6g; **Ballaststoffe:** 0g; **Protein:** 13,1g

---

VEGANE FRIKADELLEN

Eine vegane Alternative zu den klassischen Fleischfrikadellen, bestehend aus Buchweizen.

Zutaten

200°C Backen

- 5g Rosmarin
- 1 Prise Pfeffer
- 100g Karotten
- 1 Zwiebel
- 1 EL Olivenöl
- 1 TL Gemüsebrühe-Pulver
- 100g Buchweizen
- 1 EL Haferflocken

Anweisungen

1. Karotten fein raspeln und Zwiebel schälen und feinhacken. Rosmarin ebenfalls feinhacken.
2. Karotten, Zwiebel, gekochte Buchweizen mit Haferflocken, Gemüsebrühe, Rosmarin, Olivenöl, Salz und Pfeffer in die Küchenmaschine geben. Zu einem Teig vermischen.
3. Kleine Frikadellen aus dem Teig formen.
4. Bei 200°C für 7 Minuten braten.

1 Portion: Kalorien 129; **Fett:** 3g; **Kohlenhydrate:** 5g;

Ballaststoffe: 2g; **Protein:** 4g

VEGANES REISGERICHT

Portionen: 2 - **VORBEREITUNG:** 20 MINUTEN – **ZUBEREITUNG:** 18 MINUTEN

Heiß, locker, unglaublich schnell gemacht mit einem gewissen Biss und einem Aroma, welches sich durch die ganze Schüssel zieht.

Zutaten

190°C Braten

- 2 Tassen gekochter weißer Reis
- 1 EL Pflanzenöl
- 2 TL Sesamöl. geteilt
- 1 EL Wasser
- Salz und gemahlener weißer Pfeffer nach Bedarf
- 1 großes Ei
- ½ Tasse Erbsen
- ½ Tasse Karotten
- 1 TL Sojasauce
- 1 TL Sriracha-Sauce
- ½ TL Sesam, geröstet

Anweisungen

1. Reis, Pflanzenöl, einen Teelöffel Sesamöl, Wasser, Salz und weißen Pfeffer in einer Schüssel gut mischen.
2. Die Heissluftfritteuse auf 190°C stellen und den Fritteusenkorb einfetten.
3. Reismischung in die vorbereitete Heissluftfritteuse geben. 12 Minuten lang unter einmaligem Rühren braten.
4. Anschließend die Reismischung herausnehmen und das geschlagene Ei dazugeben.
5. Weitere 4 Minuten braten.
6. Die Reismischung erneut herausnehmen und die Erbsen sowie Karotten hinzufügen und noch 2 Minuten braten.
7. Sojasauce, Sriracha-Sauce, Sesam und das restliche Sesamöl in einer separaten Schüssel vermischen.
8. Die Reismischung aus der Heissluftfritteuse nehmen und in die Schüssel mit der Sauce geben und servieren.

1 Portion: Kalorien: 355; **Fett:** 14,5g; **Kohlenhydrate:** 47,5g; **Ballaststoffe:** 3g; **Protein:** 9,3g

FALAFEL

Das Falafel Rezept glutenfrei, proteinreich und einfach zu machen.

 **Zutaten**

 **Anweisungen**

140°C Braten

- 800g Kichererbsen
- 1 Stück Zwiebel
- 2 Zehen Knoblauch
- 1 TL Kreuzkümmel
- 1 TL Salz
- 1/2 TL gemahlener Koriander
- 1 TL Backpulver
- 1 Prise (nach Wunsch) Cayenne Pfeffer, Kurkuma, Zimt
- Etwas Stärke zum Binden
- 1 handvoll Koriander & Petersilie

1. Die Kichererbsen in einem Mixer zu einem Püree zu verarbeiten.
2. Zwiebel und Knoblauch schälen und grob zerkleinern.
3. Petersilie und Koriander waschen und fein hacken.
4. Alles zusammen mit Koriander, Kreuzkümmel, Backpulver Pfeffer und Salz zu einem Teig verarbeiten. Stärke zum Binden hinzugeben. Den Teig für 1 Stunde im Kühlschrank ziehen.
5. Formen Sie kleine Bällchen aus dem Teig und wende sie in dem Sesam.
6. Mit etwas Öl einsprühen und in der Heißluftfritteuse bei 180 Grad für ca 20 Minuten backen – zwischendurch wenden.

1 Portion: Kalorien: 300; **Fett:** 7g; **Kohlenhydrate:** 37g; **Ballaststoffe:** 12g; **Protein:** 13,1g

---

PILZ PIZZA MIT HUMMUS

Natürlich können Sie den Portobello Pilz mit allem, was Sie wünschen, belegen.

 **Zutaten**

 **Anweisungen**

180°C Braten

- 4 Portobello Pilze, ohne Stiel
- Pfeffer und Salz
- 4 EL Tomatensauce
- 1 gehackte Knoblauchzehe
- ½ Tasse Hummus
- 1 EL getrocknetes Basilikum
- 800g Zucchini
- 4 Oliven, in Scheiben
- 2 EL Paprika

1. Beide Seiten jeder Pilzkappe mit Essig bestreichen und die Innenseite jeweils mit Salz und Pfeffer bestreuen.
2. In jedem Pilz einen Esslöffel Tomatensauce geben.
3. Den Garkorb einfetten und für 3 Minuten bei 180°C garen.
4. Jeden Pilz mit Zucchini, Paprika und Oliven belegen und mit Basilikum, Salz und schwarzen Pfeffer würzen.
5. Weitere 4 Minuten in der Heissluftfritteuse garen. Auf einem Teller anrichten, mit Hummus beträufeln.

1 Portion: Kalorien 243; **Fett:** 11g; **Kohlenhydrate:** 33g;

Ballaststoffe: 5g; **Protein:** 16g

TOFU MIT REISMEHL ÜBERBACKEN

Portionen: 4 - **VORBEREITUNG:** 20 MINUTEN – **ZUBEREITUNG:** 28 MINUTEN Schnell

Ein Hoch auf den Tofu: Er liefert wertvolles Eiweiß, macht lange satt und lässt sich geschmacklich unendlich variieren.

Zutaten

180°C Braten

- 400g fester Tofu, gepresst und in Würfel geschnitten
- 2 EL Olivenöl
- Pfeffer und Salz
- ¼ Tasse Reismehl
- 2 EL Maisstärke

Anweisungen

1. In einer Schüssel Maisstärke, Reismehl, Salz und Pfeffer vermischen.
2. Tofu gleichmäßig mit Mehlmischung bestreichen.
3. Tofu mit Öl beträufeln und in einer Schicht in Heissluftfritteuse stellen.
4. Bei 180°C pro Seite 14 Minuten braten.

1 Portion: Kalorien: 115; **Fett:** 4g;

Kohlenhydrate: 15g; **Ballaststoffe:** 1g; **Protein:** 7g

TOFU MIT ORANGENSAUCE

Portionen: 4 - **VORBEREITUNG:** 20 MINUTEN – **ZUBEREITUNG:** 20 MINUTEN Einfach

Die Soße bringt den Tofu geschmacklich auf Touren und zaubert ein asiatisches Gericht, welches sich bestens für den Sommer eignet.

Zutaten

190°C Braten

- 450g Tofu, gewürfelt
- 2 Frühlingszwiebeln, gehackt
- 2 TL Maisstärke
- 1 TL Ingwer, gehackt
- 1 EL Honig
- 1/3 Tasse Orangensaft
- ½ Tasse Wasser
- 1 EL Sojasauce

Anweisungen

1. In einer Schüssel Tofu, Maisstärke und Sojasauce dazugeben und umrühren. Tofu mindestens 15 Minuten lang marinieren.
2. Die Tofu Stücke bei 190°C für 10 Minuten braten. Bei der Hälfte der Zeit einmal wenden.
3. Für die Soße in einer kleinen Pfanne alle Zutaten bei mittlerer bis hoher Hitze zugeben und unter ständigem Rühren zum Kochen bringen.
4. Tofu in einer Schüssel mit Sauce servieren und mit Frühlingszwiebel garnieren.

1 Portion: Kalorien 146; **Fett:** 7g; **Kohlenhydrate:** 13g;

Ballaststoffe: 2g; **Protein:** 12g

COUSCOUSPFANNE

Portionen: 2 - **VORBEREITUNG:** 25 MINUTEN – **ZUBEREITUNG:** 36 MINUTEN Einfach

Zum Rezept schmeckt cremig gerührter Joghurt am besten.

 **Zutaten**

 **Anweisungen**

160°C Braten

- 350g Zucchini
- 1 Chilischote
- 350g Aubergine
- Prise Salz und Pfeffer
- 100g Tomaten
- 4 EL Öl
- 150g Couscous
- 100g Karotten
- 1 Zwiebel
- 1 Knoblauchzehe

1. Knoblauch schälen und pressen. Zwiebel schälen und in Würfel hacken. Beides mit Öl mischen und im Garkorb geben.
2. Restliches Gemüse waschen und in Würfel schneiden. Chilis und Gemüse zum Garkorb dazugeben. Für 3 Minuten bei 160°C braten.
3. Möhren und Brühe hinzugeben und für weitere 3 Minuten garen.
4. Aubergine und Zucchini würzen und in der Heissluftfritteuse für 30 Minuten garen lassen.
5. Couscous mit Wasser mischen und quellen lassen. Umrühren und mit restlichen Zutaten mischen.
6. Mit frisch aufgeschnittenen Tomaten servieren.

1 Portion: Kalorien: 400; **Fett:** 27g; **Kohlenhydrate:** 73g;

Ballaststoffe: 10g; **Protein:** 26g

KIMCHI MIT BOHNENSPROSSEN

Portionen: 4 - **VORBEREITUNG:** 10 MINUTEN – **ZUBEREITUNG:** 6 MINUTEN Einfach

Wer dieses Kraut probiert, der wird den Geschmack nicht mehr aus dem Kopf kriegen – und das im positiven Sinne

 **Zutaten**

 **Anweisungen**

180°C Braten

- 200g Bohnensprossen
- 4 EL Öl
- 5 Stück Kimchi
- ½ TL Salz
- ½ TL Pfeffer
- 1 TL Sesamöl

1. Garkorb einfetten und auf 180°C vorwärmen.
2. Bohnensprossen 1-2 Minuten garen.
3. Zwiebeln und Kimchi in Stücke schneiden. Zu den Sprossen hinzufügen.
4. Alle Zutaten mischen und Salz, Sesamöl, Pfeffer hinzufügen.
5. Wasser hinzugießen und für 3-4 Minuten kochen.

1 Portion: Kalorien 60; **Fett:** 3g; **Kohlenhydrate:** 13g;

Ballaststoffe: 2g; **Protein:** 5g

WÜRZIGER REIS

Portionen: 4 - VORBEREITUNG: 20 MINUTEN **– ZUBEREITUNG:** 25 MINUTEN Einfach

Wenn es mal schnell gehen muss und gern ein bisschen feurig sein darf, ist der würzige Reis die perfekte Mahlzeit.

Zutaten

180°C Braten

- 2 Tassen Reis
- 3 Tassen Wasser
- ½ TL Salz
- ½ TL Pfeffer
- ½ Teelöffel Knoblauchpulver
- 1/3 TL Zwiebelpulver
- 1/3 TL Ingwer
- 1/5 TL Oregano
- 1/3 TL rote Chilischote
- 2 EL Öl

Anweisungen

1. Garkorb einfetten und auf 180°C vorwärmen.
2. Reis und Wasser in die Heissluftfritteuse geben.
3. Knoblauchpulver, Salz, Zwiebelpulver, Oregano, Ingwer, Chilischote hinzufügen und alles gut vermengen.
4. Reis 20 Minuten lang garen.
5. Gut durchrühren und weitere 5 Minuten garen.

1 Portion: Kalorien: 130; **Fett:** 20g; **Kohlenhydrate:** 34g;
Ballaststoffe: 1g; **Protein:** 3g

BLUMENKOHL PFANNE

Portionen: 4 - VORBEREITUNG: 20 MINUTEN **– ZUBEREITUNG:** 6 MINUTEN Schnell

Beilage neben dem Blumenkohl sind frei wählbar, achten Sie nur darauf, dass es geschmacklich passt.

Zutaten

150°C Braten

- 500g Blumenkohl
- 75g grüne Paprika
- 15ml Sojasauce
- 6 EL getrocknete rote Paprika
- 2 EL Öl
- 15g gehackter Knoblauch
- 8g Pfeffer
- 1 kleine Zwiebel

Anweisungen

1. Blumenkohl mit der Hand in Stücke teilen und die Zwiebel sowie rote Paprika ebenfalls zerkleinern.
2. Zwiebel, rote Paprika in den Garkorb legen und eine Prise Salz und Öl hinzugeben.
3. 1 Minute bei 150°C garen.
4. Blumenkohl, Pfeffer, Knoblauch und die grüne Paprika ebenfalls in den Garkorb legen und 10 Minuten garen.
5. Anschließend servieren.

1 Portion: Kalorien 35; **Fett:** 2g; **Kohlenhydrate:** 5g;
Ballaststoffe: 2g; **Protein:** 5g

KURZE ZUBEREITUNGSZEIT

LACHS UND KABELJAU SPIESSE

Portionen: 2 - **VORBEREITUNG:** 10 MINUTEN – **ZUBEREITUNG:** 12 MINUTEN

Mit einem frischen Salat genießen.

Zutaten

180/200°C Braten

- 200g Lachs
- 2 Schalotten
- 1 rote Paprika
- 200g Kabeljau
- 2 EL Olivenöl
- 2 EL Zitronensaft
- 1 Prise Zitronenkräuter
- 1 Prise Piment
- 1 Prise Paprikapulver

1 Portion: Kalorien: 346; **Fett:** 20g;

Kohlenhydrate: 3g; **Ballaststoffe:** 1g;

Protein: 38g

Anweisungen

1. Fisch kalt abspülen und trockentupfen. In 3cm große Stücke schneiden.

2. Paprika waschen und entkernen. In 3cm Stücke schneiden.

3. Schalotten in Scheiben schneiden.

4. Abwechselnd in Spieße stecken.

5. Mit Zitronenkräutern und Piment würzen.

6. Olivenöl mit Zitronensaft und Paprikapulver vermengen. Spieße damit bestreichen.

7. 15 Minuten marinieren lassen.

8. Bei 180°C für 8 Minuten grillen. Anschließend bei 200°C für 4 Minuten garen.

SUCUK MIT MUFFINEIER

Portionen: 2 - VORBEREITUNG: 10 MINUTEN **– ZUBEREITUNG:** 15 MINUTEN

Dieses Rezept schmeckt am besten mit frischem und warmem Fladenbrot oder einem Sesamring.

Zutaten

180/200°C Braten

- 1 Päckchen Sucuk
- 1 Päckchen Feta
- 1 Fladenbrot
- 4 Eier

Anweisungen

1. Sucuk in 5 mm Scheiben schneiden und bei 200°C für 8 Minuten garen.
2. Eier in eine Muffinform geben und mit Salz sowie Petersilie bestreuen. Für 7 Minuten bei 170°C garen.
3. Mit Feta und Fladenbrot servieren.

2 Tassen: Kalorien: 280; **Fett:** 20g; **Kohlenhydrate:** 9g;

Ballaststoffe: 1g; **Protein:** 16g

CORNFLAKES HÄHNCHEN

Portionen 4 VORBEREITUNG: 10 MINUTEN **–**

ZUBEREITUNG: 9 MINUTEN

Eine gesunde Art Hähnchen ohne Öl zu genießen. Cornflakes geben eine extra knusprige Hülle.

Rezeptfoto

Zutaten

200°C Braten

- 1 Ei
- 2 Hähnchenbrustfilets
- 1 TL Selleriesalz
- 1 TL weißer Pfeffer
- 80ml Milch
- 100g Cornflakes
- 1 TL Knoblauchpulver
- 1 TL Salz
- 30g Mehl
- 1 TL Knoblauchpulver

Anweisungen

1. Hähnchenbrustfilets in Streifen schneiden.
2. In separaten Schüsseln: Mehl und Gewürze miteinander vermischen, Cornflakes zerbröseln, Ei mit Milch vermischen.
3. Hähnchenstreifen nacheinander in Mehl, Ei und Cornflakes tauchen.
4. Fleisch bei 200°C für 9 Minuten grillen.

1 Portion: Kalorien: 220; **Fett:** 3g; **Kohlenhydrate:** 27g;

Ballaststoffe: 1g; **Protein:** 22g

EINFACHE PIZZA

Portionen: 1 - **VORBEREITUNG:** 5 MINUTEN – **ZUBEREITUNG:** 14 MINUTEN

Der Klassiker schlechthin! In dieser Form hat die italienische Pizza - der Überlieferung nach - vor 100 Jahren ihren Siegeszug in die weite Welt angetreten. Kein Wunder!

Zutaten

200°C Backen

- 1 Pilz
- Halbe Tomate
- 1/3 Gurke
- 3 Scheiben geräucherte Hähnchenscheiben
- 3 EL geriebene Käse
- 1 EL Tomatensauce
- 1 TL Kresse
- 1 Prise Salz und Pfeffer
- 1 Prise gemischte Kräuter
- 1 Prise Leinsamen
- 1 Pizzateig

Anweisungen

1. Pizzateig ausrollen und in 4 Stücke teilen. Für 2 Minuten bei 200°C backen.
2. Zutaten auf dem Pizzateig gefolgt von Tomatensauce verteilen, außer Leinsamen und Gewürze.
3. Für 10 Minuten bei 180°C backen.
4. Leinsamen und Gewürze darüber geben und 2 Minuten backen.

1 Portion: Kalorien: 250; **Fett:** 11g; **Kohlenhydrate:** 37g; **Ballaststoffe:** 1g; **Protein:** 28g

---

GARNELEN PAPRIKA PFANNE

Portionen: 2 - **VORBEREITUNG:** 10 MINUTEN – **ZUBEREITUNG:** 17 MINUTEN

Passend dazu serviert man dann noch einen einfachen Beilagen-Salat und schon hat man wieder ein köstliches Gericht auf den Tisch gebracht.

Zutaten

200°C Braten

- 1 rote Paprika
- 1 EL Ingwerwurzeln
- 1 Becher Reis
- 1 Becher Ananas
- 4 EL Chilisauce
- 225g geschälte Garnelen
- 2 EL Sonnenblumenöl
- 2 Knoblauchzehen
- 1 rote Chilischote

Anweisungen

1. Paprika in 2cm Stücke schneiden und mit zerkleinerte Chilischote, zerkleinerte Ingwer, Knoblauchzehen und Sonnenblumenöl vermengen.
2. Für 4 Minuten bei 200°C garen.
3. Paprika aus dem Korb nehmen.
4. Garnelen und zerkleinerte Ananas in den Korb geben. Mit Korianderpulver würzen.
5. Für 7 Minuten bei 200°C braten.
6. Paprika mit Garnelen vermengen und wieder bei 200°C für 6 Minuten garen.
7. Mit der Chilisauce und Reis servieren.

1 Portion: Kalorien 190; **Fett:** 7g; **Kohlenhydrate:** 10g; **Ballaststoffe:** 1g; **Protein:** 22g

HÄHNCHEN BURGER

Portionen: 2 - VORBEREITUNG: 10 MINUTEN **– ZUBEREITUNG:** 10 MINUTEN

Zart gebratenes, proteinreiches Hähnchenbrustfilet mit einer würzigen Zwiebelade in einem herzhaften Burgerbrötchen

Zutaten

Anweisungen

200°C Braten

- 1 Zwiebel
- 1g Hühnerbrühe, Pulver
- ½ EL Olivenöl
- 200g Hähnchenbrustfilets
- 15g Butter
- 1 EL Zitronensaft
- ½ rote Paprika
- ½ Tomate
- 2 Hamburgerbrötchen
- ½ TL Kurkumapulver
- ¼ TL Currypulver
- 15g Butter
- 2 EL Ketchup
- 1 EL Mayonnaise

1. Zwiebel und Knoblauch schälen und fein hacken. Bei mittlerer Hitze mit Öl braten, bis Zwiebeln weich sind. Butter unterrühren.
2. Hähnchen in 4cm große Stücke schneiden.
3. Mit einer Küchenmaschine Hähnchen, Zwiebel, Kurkuma, Hühnerbrühe, Zitronensaft, Currypulver und Kurkuma vermischen. Zu Burger-Patties formen.
4. Bei 200°C für 8 Minuten braten.
5. Währenddessen Tomaten und Paprika in dünne Scheiben schneiden.
6. Brötchen mit Mayonnaise und Ketchup bestreichen. Mit allen Zutaten belegen.

1 Portion: Kalorien: 466; **Fett:** 15g; **Kohlenhydrate:** 49g;

Ballaststoffe: 6g; **Protein:** 33g

KALBSMEDAILLONS

Portionen 2 - VORBEREITUNG: 10 MINUTEN **– ZUBEREITUNG:** 6 MINUTEN

Einfache Kalbsmedaillons. Passt zu leckeren Auberginen.

Rezeptfoto

Zutaten

Anweisungen

180°C Backen

- 440g Kalbsmedaillons
- 1 Prise Salz und Pfeffer
- 2 EL Öl

1. Medaillons mit Öl einreiben und mit Salz & Pfeffer würzen.
2. Bei 180°C für 6 Minuten braten.

1 Portion: Kalorien: 345; **Fett:** 5g; **Kohlenhydrate:** 2g;

Ballaststoffe: 3g; **Protein:** 45g

RINDFLEISCH-TACO-WRAPS

Portionen: 6 - VORBEREITUNG: 15 MINUTEN **– ZUBEREITUNG:** 4 MINUTEN

Die mexikanische Küche begeistert mit ihren würzigen Aromen und handlichen Häppchen.

Zutaten

Anweisungen

200°C Backen

- 6 Maistortillas
- 900 g gekochtes Rinderhackfleisch
- 300 g Nacho Käse
- 2 Tassen Sauerrahm
- 2 Tassen Salat, zerkleinert
- 3 Roma Tomaten, geschnitten
- 2 Tassen Cheddarkäse, gerieben
- Olivenöl Kochspray

1. Die Tortillas auf einer glatten Oberfläche ordnen.
2. Zutaten in 6 Portionen teilen. 1 Portion Rindfleisch in die Mitte jeder Tortilla geben, gefolgt von Nacho-Käse, Sauerrahm, Salat, Tomatenscheiben und Cheddar.
3. Vier Ränder jeder Tortilla in die Mitte zusammenführen. Heissluftfritteuse auf 200°C vorheizen und Fritteusenkorb einfetten.
4. Taco Wraps in den vorbereiteten Airfryer Korb legen und jeweils mit Oliven-Kochspray einsprühen.
5. Etwa 4 Minuten braten.

1 Portion: Kalorien: 930; **Fett:** 54,2g; **Kohlenhydrate:** 37g; **Ballaststoffe:** 3g; **Protein:** 65,1g

---

MINI-PIZZA

Portionen: 4 - VORBEREITUNG: 13 MINUTEN **– ZUBEREITUNG:** 11 MINUTEN

Weizenfreier Pizzaboden für ein Low-Carb Snack

Zutaten

Anweisungen

180/200°C Backen

- 2 EL Chiasamen
- 50g Feta
- 100ml Tomatensauce
- 40g Haferflocken
- 270g Blumenkohl
- 2 EL Wasser
- 5g Oregano
- 45g Parmesan
- 1 EL Olivenöl
- 1 Prise Salz

1. In einer Tasse Chiasamen mit Wasser vermischen und 10 Minuten einweichen.
2. Blumenkohl in Stücke schneiden. Blätter entsorgen. Haferflocken, Blumenkohl, Chiasamen, Parmesan und Olivenöl in einer Küchenmaschine zu Teig verarbeiten.
3. Aus Blumenkohlmischung Kugeln formen und zu Pizzaböden ausrollen.
4. In den Frittierkorb legen und für 6 Minuten bei 200°C backen.
5. Pizza mit Oregano, Tomatensauce, Parmesan und Feta belegen. Wieder für 5 Minuten bei 180°C backen.

1 Portion: Kalorien 179; **Fett:** 11g; **Kohlenhydrate:** 10g; **Ballaststoffe:** 4g; **Protein:** 9g

ZITRONENKEKSE

Portionen: 10 - **VORBEREITUNG:** 15 MINUTEN – **ZUBEREITUNG:** 5 MINUTEN

Diese Kekse sind ideal für den Snack zwischendurch.

 ## Zutaten

180°C Backen

- 250 g Mehl
- 2 TL Backpulver
- 100 g Puderzucker
- 100 g kalte Butter
- 1 kleines Ei
- 1 TL frische Zitronenschale, fein gerieben
- 2 EL frischer Zitronensaft
- 1 TL Vanilleextrakt

Anweisungen

1. Mehl, Backpulver und Zucker in einer Schüssel vermischen. Mit zwei Gabeln die Butter in grobe Stücke zerschneiden.
2. Das Ei, den Vanilleextrakt, den Zitronensaft und die Schale hinzufügen. Alles in eine Schüssel geben und mischen, bis sich ein weicher Teig bildet.
3. Den Teig aus der Schüssel nehmen und auf eine bemehlte Oberfläche legen. Den Teig ausrollen, bis er 1 cm dick ist und mit einem runden Ausstecher ausstechen.
4. Die Heissluftfritteuse auf 180°C stellen und Kekse in einer einzigen Schicht auf einem Backblech geben. Diese in den Fritteusenkorb geben.
5. Für ca. 5 Minuten oder bis sie goldbraun sind, backen.

1 Portion: Kalorien: 198; **Fett:** 8,7g; **Kohlenhydrate:** 27,8g; **Ballaststoffe:** 3g; **Protein:** 3g

---

HÄHNCHENKÖFTE

Portionen: 4 - **VORBEREITUNG:** 13 MINUTEN – **ZUBEREITUNG:** 8 MINUTEN

Das Hähnchenköfte ganz einfach und schnell zuzubereiten und schmeckt köstlich.

 ## Zutaten

180°C Braten

- 1 TL Öl
- 1 TL Koriander
- 1 Prise Salz
- 1 TL Garam Masala
- 200g Hähnchen-Hackfleisch
- 10g Ingwer
- 1 grüne Chili
- 1 Zwiebel

 ## Anweisungen

1. Zwiebel, Chilischote und Ingwer feinhacken. Mit den restlichen Zutaten außer Öl vermischen.
2. In gleich große Portionen aufteilen und zu Köfte formen.
3. Mit Öl bepinseln und in den Frittierkorb legen.
4. 8 Minuten bei 180°C braten.

1 Portion: Kalorien 88; **Fett:** 4g; **Kohlenhydrate:** 2g; **Ballaststoffe:** 4g; **Protein:** 11g

EINFACHE LAMMKOTELETTS

Portionen: 2 - VORBEREITUNG: 10 MINUTEN **– ZUBEREITUNG:** 6 MINUTEN

Servieren Sie die Lammkoteletts mit gebratenem Gemüse und Reis.

Zutaten

Anweisungen

200°C Braten

- 1 EL Olivenöl
- Salz und Pfeffer nach Bedarf
- 150 g Lammkoteletts

1 Portion: Kalorien: 481; **Fett:** 30,3g; **Kohlenhydrate:** 0,7g; **Ballaststoffe:** 2g; **Protein:** 62,3g

1. Öl, Salz und Pfeffer in einer Schüssel vermischen. Koteletts in die Schüssel geben und mit der Würzung gleichmäßig bestreichen.
2. Heissluftfritteuse auf 200°C vorheizen und Fritteusenkorb einfetten.
3. Die Koteletts in einer Schicht in den vorbereiteten Fritteusenkorb legen.
4. 5-6 Minuten braten.
5. Aus der Heissluftfritteuse nehmen und die Koteletts auf einen Teller heiß servieren.

PANIERTE TORTELLINI

Portionen: 2 - VORBEREITUNG: 10 MINUTEN **– ZUBEREITUNG:** 8 MINUTEN

Tortellini mal anders knusprig.

Zutaten

Anweisungen

195°C Frittieren

- 2 EL Mehl
- 1 TL Salz
- 2 Eier
- 100g Tortellini
- 1 TL Salz
- 3 EL Paniermehl
- 3 Tomaten
- 2 EL Olivenöl
- 1 EL Balsamico-Essig
- 1 TL Pfeffer

1. Tortellini nach Packungsanleitung zubereiten.
2. Mehl, Paniermehl und Eier jeweils in eine eigene Schüssel geben.
3. Eier verquirlen und mit Pfeffer sowie Salz würzen.
4. Tortellini erst in Mehl, dann Eier und anschließend im Paniermehl wenden.
5. Tomaten waschen und schneiden.
6. Mit Essig, Öl, Salz und Pfeffer vermischen.
7. Für 8 Minuten bei 195°C frittieren.

1 Portion: Kalorien 127; **Fett:** 4g; **Kohlenhydrate:** 23g; **Ballaststoffe:** 3g; **Protein:** 5g

SÜB SAUER ROSENKOHL

Portionen: 2 - VORBEREITUNG: 10 MINUTEN **– ZUBEREITUNG:** 10 MINUTEN

Probieren Sie dieses Gericht am besten mit verschiedenen Soßen aus. Jede Soße gibt dem Rosenkohl einen anderen Eigengeschmack.

Zutaten

200°C Braten

- 2 Tassen Rosenkohl, längs geschnitten und halbiert
- 1 EL Balsamico-Essig
- 1 EL Ahornsirup
- Salz nach Bedarf

Anweisungen

1. Heissluftfritteuse auf 200°C vorheizen und Fritteusenkorb einfetten.
2. Alle Zutaten in eine Schüssel geben und gut mischen.
3. Rosenkohl in einer Schicht in den vorbereiteten Frittierkorb geben.
4. 8-10 Minuten braten, dabei einmal nach 5 Minuten durchschütteln.
5. Etwas kühlen lassen und servieren.

1 Portion: Kalorien: 66; **Fett:** 0,5g; **Kohlenhydrate:** 14,8g; **Ballaststoffe:** 0g; **Protein:** 3g

---

LACHS MIT CAJUN-GEWÜRZ

Portionen: 2 - VORBEREITUNG: 10 MINUTEN **– ZUBEREITUNG:** 7 MINUTEN

Reste vom Lachs lassen sich gut im Kühlschrank 2 Tage lang aufbewahren.

Zutaten

180°C Braten

- 2 Lachsfilets (ca. 200g)
- 1 EL Cajun-Gewürz
- ½ TL Zucker
- 1 EL frischer Zitronensaft

Anweisungen

1. Heissluftfritteuse auf 180°C vorheizen und Grillpfanne für die Heissluftfritteuse einfetten.
2. Den Lachs gleichmäßig mit Cajun-Gewürzen und Zucker bestreuen.
3. Den Fisch mit der Haut nach oben in die vorbereitete Grillpfanne der Fritteuse legen und 7 Minuten braten.
4. Aus der Fritteuse nehmen und die Lachsfilets auf die Servierteller legen.
5. Mit dem Zitronensaft beträufeln und heiß servieren.

1 Portion: Kalorien 268; **Fett:** 12,2g; **Kohlenhydrate:** 1,3g; **Ballaststoffe:** 0g; **Protein:** 38g

BUTTER BROKKOLI

Portionen: 4 - **VORBEREITUNG:** 10 MINUTEN – **ZUBEREITUNG:** 7 MINUTEN

Dieses Rezept lässt sich nicht nur schnell zubereiten, sondern ist aufgrund seines Geschmacks genauso schnell aufgegessen!

Zutaten

200°C Braten

- 4 Tassen frische Brokkoliröschen
- 2 EL Butter, geschmolzen
- Salz und Pfeffer
- ¼ Tasse Wasser

Anweisungen

1. Heissluftfritteuse auf 200°C vorheizen und Frittierkorb einfetten.
2. Brokkoli, Butter, Salz und Pfeffer in eine Schüssel geben und gut mischen.
3. Den Frittierkorb mit dem Wasser füllen und die Brokkoliröschen darin platzieren.
4. 7 Minuten lang bei 200°C braten und sofort servieren.

1 Portion: **Kalorien:** 83; **Fett:** 6,3g; **Kohlenhydrate:** 6g; **Ballaststoffe:** 1g; **Protein:** 3,3g

---

EINFACHES CLUBSTEAK

Portionen: 2 - **VORBEREITUNG:** 10 MINUTEN – **ZUBEREITUNG:** 8 MINUTEN

Dieses Steak ist mit seinen 0 g Kohlenhydrate perfekt für die Low Carb Ernährung!

Zutaten

200°C Braten

- 300 g Clubsteak
- Salz und Pfeffer, je nach Bedarf
- 1 TL Olivenöl

1 Portion: **Kalorien** 181; **Fett:** 7g; **Kohlenhydrate:** 0g; **Ballaststoffe:** 1g; **Protein:** 30,2g

Anweisungen

1. Heissluftfritteuse auf 200°C einstellen und Fritteusenkorb einfetten.
2. Das Steak mit Öl bestreichen und dann großzügig mit Salz und schwarzem Pfeffer würzen.
3. Steak in den vorbereiteten Fritteusenkorb legen und 7-8 Minuten braten oder bis der gewünschte Gargrad erreicht ist.
4. Aus der Fritteuse nehmen und das Steak vor dem Schneiden ca. 10 Minuten auf ein Schneidebrett ruhen lassen.
5. Das Steak in Scheiben schneiden und auf Servierteller geben. Sofort servieren.

KNUSPRIGE JAKOBSMUSCHEL

Portionen: 4 - VORBEREITUNG: 15 MINUTEN **– ZUBEREITUNG:** 5 MINUTEN

Cornflakes geben den Jakobsmuscheln einen besonderen Eigengeschmack.

Zutaten

200°C Braten

- 18 Jakobsmuscheln, gereinigt und trocken getupft
- 1/8 Tasse Weitenmehl
- ½ TL Paprikapulver, Salz und Pfeffer nach Bedarf
- 1 EL fettarme Milch
- ½ Ei
- ¼ Tasse Cornflakes, zerkleinert
- Olivenöl-Kochspray

Anweisungen

1. Mehl, Paprika, Salz und schwarzen Pfeffer in einer Schüssel vermischen.
2. In einer anderen Schüssel Milch und Ei verquirlen.
3. In einer dritten Schüssel die Cornflakes geben.
4. Jede Jakobsmuschel mit der Mehlmischung bestreichen, dann in die Eimischung tauchen und schließlich mit den Cornflakes bestreichen.
5. Jakobsmuscheln gleichmäßig mit dem Olivenöl-Kochspray einsprühen.
6. Heissluftfritteuse auf 200°C vorheizen und Fritteusenkorb einfetten. Jakobsmuscheln in einer Schicht in den vorbereiteten Fritteusenkorb legen.
7. 5 Minuten braten, dabei einmal nach Hälfte der Zeit schütteln. Aus der Heissluftfritteuse nehmen und heiß servieren.

1 Portion: Kalorien: 150; **Fett:** 1,6g; **Kohlenhydrate:** 8g;

Ballaststoffe: 2g; **Protein:** 24g

OFENGEMÜSE

Portionen: 2 - VORBEREITUNG: 5 MINUTEN **– ZUBEREITUNG:** 10 MINUTEN

Hier kommen viele Vitamine und Mineralstoffe auf den Tisch.

Zutaten

180°C Garen

- 2 Paprika
- ½ Zucchini
- 1 EL Zucker
- Pfeffer und Salz
- 2 EL Olivenöl

Anweisungen

1. Gemüse würfeln.
2. Olivenöl mit Gemüse in einer Schüssel vermengen.
3. Mit Zucker, Pfeffer und Salz würzen.
4. Bei 180°C für 10 Minuten garen.

1 Portion: Kalorien 240; **Fett:** 11g; **Kohlenhydrate:** 20g;

Ballaststoffe: 8g; **Protein:** 6g

KOHLRABI PUFFER

Portionen: 2 - VORBEREITUNG: 5 MINUTEN **– ZUBEREITUNG:** 10 MINUTEN

Tun Sie sich noch mehr Gutes, indem Sie Bio-Tomaten dazu servieren.

 ## Zutaten

 ## Anweisungen

175°C Frittieren

- 400g Möhren
- 400g Kohlrabi
- 1 Bund Schnittlauch
- 1 TL Olivenöl
- Salz und Pfeffer
- 2 EL Kichererbsenmehl

1. Möhren und Kohlrabi schälen und kleinhacken. Mit Salz würzen.
2. Schnittlauch klein schneiden.
3. Mit 1 TL Pfeffer und Mehl in einer Schale alles gut mischen. In Puffer formen.
4. Bei 175°C für 10 Minuten frittieren.

1 Portion: Kalorien: 255; **Fett:** 7g; **Kohlenhydrate:** 29g; **Ballaststoffe:** 8g; **Protein:** 12g

---

BLÄTTERTEIG MIT KÄSE

Portionen: 2 - VORBEREITUNG: 5 MINUTEN **– ZUBEREITUNG:** 20 MINUTEN

Dieses unglaublich einfache und beliebte Rezept für die Blätterteigtaschen mit Käsefülle macht Ihre Party zum absoluten Kracher.

 ## Zutaten

 ## Anweisungen

180°C Braten

- 250g verschiedene Käsesorten
- 2 EL Mohnsamen
- 1 Pckg Blätterteig

1. Blätterteig in 4 Stücke schneiden.
2. Mit Käse belegen und wieder schließen.
3. Mit Wasser befeuchten und mit Mohnsamen bestreuen.
4. 20 Minuten bei 180°C backen.

1 Portion: Kalorien 212; **Fett:** 17g; **Kohlenhydrate:** 29g; **Ballaststoffe:** 3g; **Protein:** 19g

GEBACKENES LAMM

Portionen: 2 - VORBEREITUNG: 5 MINUTEN **– ZUBEREITUNG:** 20 MINUTEN

Probieren Sie dieses Rezept auch einmal mit Wildfleisch!

Zutaten

Anweisungen

200°C Braten

- 2 Lammfilets
- 2 Eier
- 60g Mehl
- Olivenöl
- Paprikapulver und Salz
- 70g Semmelbrösel

1. Lammfilets halbieren und mit Salz, Paprika würzen.
2. Mehl, Eier und Semmelbrösel jeweils in einem Teller geben.
3. Lamm erst in Mehl, dann Eier und anschließend Semmelbrösel wälzen.
4. Bei 200°C für 20 Minuten backen. Mit Öl einfetten.

1 Portion: Kalorien: 320; **Fett:** 15g; **Kohlenhydrate:** 3g;

Ballaststoffe: 1g; **Protein:** 39g

CHAMPIGNONS MIT EI

Portionen: 2 - VORBEREITUNG: 15 MINUTEN **– ZUBEREITUNG:** 10 MINUTEN

Das Rezept für ein Ei mit Champignons kann mit frischem Salat angeboten werden.

Zutaten

Anweisungen

180°C Braten

- 70g Semmelbrösel
- 500g Champignons
- 2 Eier
- 60g Mehl
- Salz

1. Mehl, Eier und Semmelbrösel jeweils in einem Teller geben.
2. Champignons erst in Mehl, dann Eier und anschließend Semmelbrösel wälzen.
3. Bei 180°C für 10 Minuten backen.
4. Mit Öl einfetten.
5. Mit Salz würzen.

1 Portion: Kalorien: 75; **Fett:** 9g; **Kohlenhydrate:** 7g;

Ballaststoffe: 1g; **Protein:** 19g

ÜBERBACKENE KARTOFFELN

Portionen: 2 - **VORBEREITUNG:** 5 MINUTEN – **ZUBEREITUNG:** 10 MINUTEN

Dazu passt ein grüner Salat.

Zutaten

170°C Braten

- 1 EL Gouda, gerieben
- 1 gekochte Kartoffel
- 1 EL Frischkäse
- 1 EL gehackte Petersilie
- Pfeffer und Salz

Anweisungen

1. Kartoffel halbieren.
2. Frischkäse mit Petersilie vermengen und mit Pfeffer, Salz würzen.
3. Mischung auf die Kartoffeln geben und mit Gouda bestreuen.
4. Bei 170°C für 10 Minuten backen.

1 Portion: Kalorien: 86; **Fett:** 2g; **Kohlenhydrate:** 10g;

Ballaststoffe: 1g; **Protein:** 7g

GEBACKENER SOM TAM

Portionen: 2 - **VORBEREITUNG:** 15 MINUTEN – **ZUBEREITUNG:** 8 MINUTEN

Bei Tom Sam (ob Lao oder Thai) werden grüne unreife Papaya verarbeitet. Diese bekommt man ausschließlich im Asialaden.

Zutaten

200°C Backen

- 3 EL Reismehl
- ¼ Möhre
- 80g unreife Papaya
- 2 Garnelen ohne Schale
- 1 Ei
- Etwas Sojasauce
- Abrieb einer Limette
- 50ml Buttermilch

Anweisungen

1. Garkorb mit Backpapier auslegen.
2. Papaya und Möhre in Streifen schneiden.
3. Garnelen halbieren.
4. Ei mit Buttermilch vermischen. Mehl unterrühren und alles zu einem Teig verarbeiten.
5. Mit Abrieb und Soja würzen.
6. Möhre, Garnelen und Papaya untermischen und in den Garkorb geben.
7. Bei 200°C für 8 Minuten backen.

1 Portion: Kalorien: 124; **Fett:** 3g; **Kohlenhydrate:** 25g;

Ballaststoffe: 1g; **Protein:** 6g

SEELACHS

Ein Fischgericht, das schnell und einfach zuzubereiten ist.

Zutaten

Anweisungen

180°C Braten

- 250g Seelachs
- 50g Mehl
- 1 EL Sonnenblumenöl
- 1 Ei

1. Seelachs in große Scheiben schneiden.
2. Mehl, Eier und Semmelbrösel jeweils in einem Teller geben.
3. Ei verquirlen und mit Salz würzen.
4. Seelachs erst im Mehl, Ei und dann in Semmelbrösel wälzen.
5. Bei 180°C für 10 Minuten backen.

1 Portion: **Kalorien:** 218; **Fett:** 4g; **Kohlenhydrate:** 21g;

Ballaststoffe: 1g; **Protein:** 24g

CAMEMBERT MIT PREISELBEERMARMELADE

Portionen: 2 - VORBEREITUNG: 7 MINUTEN – **ZUBEREITUNG:** 15 MINUTEN Leicht

Pausenklassiker: Cremiger Camembert mit krossen Semmelbröseln

Zutaten

Anweisungen

180°C Backen

- 1 Ei
- 50g Mehl
- 2 Stk Camembert
- Salz
- Rosmarin
- 1 EL Olivenöl
- 50g Semmelbrösel
- 4 EL Preiselbeermarmelade

1. Je eine Schüssel mit Ei, Semmelbrösel und Mehl vorbereiten.
2. Ei verquirlen, salzen und nach Wunsch etwas Rosmarin dazugeben.
3. Camemberts anfeuchten und im Mehl wenden, anschließend durch Ei wälzen und in Semmelbrösel ziehen.
4. Panierter Käse mit Öl einfetten. Bei 180°C für 15 Minuten frittieren.
5. Mit 2 EL Preiselbeermarmelade servieren.

1 Portion: **Kalorien:** 370; **Fett:** 19g; **Kohlenhydrate:** 25g;

Ballaststoffe: 1g; **Protein:** 19g

DESSERTS/NACHSPEISE

APFELTARTE

Portionen: 3 - **VORBEREITUNG:** 10 MINUTEN – **ZUBEREITUNG:** 25 MINUTEN

Eine Apfeltarte ist köstlich und schnell gebacken. Mit diesem Rezept gelingt der Klassiker aus Frankreich garantiert.

 **Zutaten**

150°C Backen

- 60g Butter
- 90g Mehl
- 1 Eigelb
- 30 Zucker
- 1 Apfel, geschält und 12 Stück geschnitten

 **Anweisungen**

1. In einer Schüssel die Hälfte der Butter, Mehl, Eigelb hinzufügen und gut vermischen.

2. Den Teig auf eine bemehlte Fläche geben und flach rollen.

3. In einer Backform die restliche Butter hinzufügen und mit Zucker bestreuen. Apfelspalten in einem kreisförmigen Muster darauf verteilen. Teig drauflegen

4. Für 25 Minuten bei 150°C backen.

1 Portion: Kalorien: 382; **Fett:** 21g; **Kohlenhydrate:** 45g;

Ballaststoffe: 1g; **Protein:** 5g

SCHOKOLADEN JOGHURT MUFFINS

Portionen: 9 - VORBEREITUNG: 15 MINUTEN **– ZUBEREITUNG:** 10 MINUTEN

Variationen gibt es eine ganze Menge, verwenden Sie einen Joghurt mit Geschmack z. B.: Erdbeere, Kirsche, Stracciatella, Blaubeeren etc.

Zutaten

180°C Braten

- 1 ½ Tassen Weizenmehl
- ¼ Tasse Zucker
- 2 TL Backpulver
- ½ TL Salz
- 1 Tasse Joghurt
- 1/3 Tasse Pflanzenöl
- 1 Ei
- 2 TL Vanilleextrakt
- ¼ Tasse Schokoladenstückchen
- ¼ Tasse Pekannüsse, gehackt

Anweisungen

1. In einer Schüssel Mehl, Zucker, Backpulver und Salz gut vermischen.
2. In einer anderen Schüssel Joghurt, Öl, Ei und Vanilleextrakt vermengen.
3. Beide Schüsseln miteinander vermengen.
4. Schokolade und Pekannüsse unterheben.
5. 9 Muffin-Formen einfetten und Mischung gleichmäßig in die Förmchen geben.
6. In den Frittierkorb legen und 10 Minuten bei 180°C braten.

1 Portion: Kalorien: 246; **Fett:** 13g; **Kohlenhydrate:** 27g;
Ballaststoffe: 3g; **Protein:** 5g

FRUCHTIGE TACOS

Portionen: 2 - VORBEREITUNG: 10 MINUTEN **– ZUBEREITUNG:** 5 MINUTEN

Wir haben das Fast-Food-Gericht der mexikanischen Küche zu einem leckeren und dennoch gesunden Dessert umgewandelt. Ideal für Leute, die gerne neue Sachen ausprobieren wollen.

Zutaten

150°C Backen

- 2 Taco Shells
- 4 EL Erdbeergelee
- ¼ Tasse Blaubeeren
- ¼ Tasse Himbeeren
- 2 EL Puderzucker

1 Portion: Kalorien: 272; **Fett:** 1,8g;
Kohlenhydrate: 63g; **Ballaststoffe:** 1g;
Protein: 3,5g

Anweisungen

1. Die Heissluftfritteuse einfetten und auf 150°C vorheizen.
2. Jeden Taco mit zwei Esslöffel Erdbeergelee und den Beeren belegen.
3. Mit Puderzucker bestreuen.
4. Anschließend in die Heissluftfritteuse legen und nach ca. 5 Minuten, sobald sie knusprig sind, rausnehmen.
5. Die Tacos auf einen Teller geben. Warm servieren.

DOUBLE-CHOCOLATE MUFFINS

Portionen: 12 - VORBEREITUNG: 20 MINUTEN **– ZUBEREITUNG:** 24 MINUTEN

Garnieren Sie diese Muffins gerne mit Himbeeren etc.

Zutaten

180°C Backen

- 1 1/3 Tassen Weizenmehl
- 2/3 Tasse + 3 EL Streuzucker
- 2 ½ EL Kakaopulver
- 80g Butter
- 5 EL Milch
- 2 Eier
- ½ TL Vanilleextrakt
- Wasser
- 60g Milchschokolade, gehackt

Anweisungen

1. In einer Schüssel Mehl, Zucker und Kakaopulver gut vermischen. Butter unterheben.
2. In einer weiteren Schüssel Milch mit Eiern verquirlen.
3. Eiermischung in die Mehlmischung geben und gut vermischen. Vanilleextrakt und etwas Wasser hinzufügen. Schokolade unterheben.
4. 12 Muffinförmchen einfetten und die Mischung in die Förmchen geben.
5. In 2 Durchgängen bei 180°C 9 Minuten backen. Weitere 6 Minuten bei 160°C backen.

1 Portion: Kalorien: 206; **Fett:** 9g; **Kohlenhydrate:** 27g;

Ballaststoffe: 3g; **Protein:** 3g

FRUCHTIGE OREO MUFFINS

Portionen: 6 - VORBEREITUNG: 15 MINUTEN **– ZUBEREITUNG:** 10 MINUTEN

Ein tolles Rezept, das auch ihre Kinder lieben werden.

Zutaten

180°C Backen

- 1 Tasse Milch
- 1 Packung Oreo-Kekse, zerkleinert
- 1 TL Kakaopulver
- ½ TL Backpulver
- ¼ TL Baking Soda
- 1 Banane, geschält und gehackt
- 1 Apfel, geschält und gehackt
- 1 TL Honig
- 1 TL Zitronensaft
- Eine Prise Zimt

1 Portion: Kalorien: 182; **Fett:** 6g; **Kohlenhydrate:** 31g;

Ballaststoffe: 1g; **Protein:** 3g

Anweisungen

1. In einer Schüssel Milch, Kekse, Kakaopulver, Backpulver und Baking Soda gut vermischen.
2. 6 Muffinförmchen einfetten und Mischung gleichmäßig in die Förmchen geben.
3. 10 Minuten bei 180°C backen.
4. In der Zwischenzeit Banane, Apfel, Honig, Zitronensaft und Zimt in einer Schüssel verrühren.
5. Jeden Muffin mit der Fruchtmischung belegen.

HIMBEER CUPCAKES

Portionen: 10 - **VORBEREITUNG:** 15 MINUTEN – **ZUBEREITUNG:** 15 MINUTEN

Einfach unwiderstehlich schmecken diese tollen Himbeermuffins. Dieses einfache Rezept darf vor allem auf keiner Kinderparty fehlen.

Zutaten

180°C Backen

- 120g Mehl
- ½ TL Backpulver
- Salz
- 30g Frischkäse
- 120g Butter
- 110g Streuzucker
- 2 Eier
- 2 TL Zitronensaft
- ½ Tasse Himbeeren

Anweisungen

1. In einer Schüssel Mehl, Backpulver und Salz gut vermischen.
2. In einer weiteren Schüssel Frischkäse und Butter verrühren. Zucker hinzufügen und mit dem Schneebesen schaumig schlagen.
3. Eier nacheinander hinzugeben und weiter verquirlen.
4. Mehlmischung dazugeben und erneut verrühren. Zitronensaft unterrühren.
5. Mischung gleichmäßig in Silikonbecher füllen und jeweils mit 2 Himbeeren belegen.
6. 15 Minuten lang bei 180°C backen.

1 Portion: Kalorien: 209; **Fett:** 12g; **Kohlenhydrate:** 23g;

Ballaststoffe: 1g; **Protein:** 3g

BUTTER KUCHEN

Portionen: 6 - **VORBEREITUNG:** 15 MINUTEN – **ZUBEREITUNG:** 15 MINUTEN

Dieser köstliche Butterkuchen mit Mandeln ist ein beliebter Blechkuchen-Klassiker ohne großen Aufwand.

Zutaten

180°C Backen

- 80g Butter
- ½ Tasse Zucker
- 1 Ei
- ½ Tasse Mehl
- Salz
- ½ Tasse Milch
- 1 EL Puderzucker

Anweisungen

1. In einer Schüssel Butter und Zucker hinzufügen und mit Schneebesen schlagen. Ei dazugeben und weiter mit dem Schneebesen schlagen.
2. Mehl, Milch und Salz hinzufügen und weiter vermischen.
3. Mischung in eine Backform geben und in den Frittierkorb legen.
4. 15 Minuten bei 180°C backen.
5. Kuchen mit Puderzucker servieren.

1 Portion: Kalorien: 291; **Fett:** 12g; **Kohlenhydrate:** 40g;

Ballaststoffe: 1g; **Protein:** 5g

APFELKUCHEN

Portionen: 6 - VORBEREITUNG: 15 MINUTEN **– ZUBEREITUNG:** 45 MINUTEN

In knapp 45 Minuten Backzeit zum wohl köstlichsten Apfelkuchen der Welt backen. Mit heimischen Äpfeln schmeckt er am besten!

Zutaten

160°C Backen

- 1 Tasse Weizenmehl
- 1/3 Tasse brauner Zucker
- 1 TL gemahlene Muskatnuss
- 1 TL gemahlener Zimt
- ½ TL Backpulver
- Salz
- 1 Ei
- 5 EL + 1 TL Pflanzenöl
- ¾ TL Vanilleextrakt
- 2 Tassen Äpfel, zerkleinert

Anweisungen

1. In einer Schüssel Mehl, Zucker, Gewürze, Backpulver und Salz gut vermischen.
2. In einer weiteren Schüssel Ei und Öl hinzufügen und mit einem Schneebesen verrühren.
3. Vanilleextrakt zugeben und weiter verrühren.
4. Nach und nach die Mehlmischung dazugeben und weiter verrühren.
5. Äpfel unterheben.
6. Mischung in eine Backform geben.
7. 45 Minuten bei 160°C backen.

1 Portion: Kalorien: 261; **Fett:** 12g; **Kohlenhydrate:** 34g;

Ballaststoffe: 1g; **Protein:** 3g

BANANENKUCHEN

Portionen: 6 - VORBEREITUNG: 15 MINUTEN **– ZUBEREITUNG:** 35 MINUTEN

Schnell gemacht und richtig köstlich: Dieser saftige Bananenkuchen ist mit gutem Grund ein echter Klassiker! Kinder lieben den aromatischen Rührkuchen ganz besonders.

Zutaten

150°C Backen

- 1 ½ Tassen Kuchenmehl
- 1 TL Backpulver
- ½ TL gemahlener Zimt
- Salz
- ½ Tasse Pflanzenöl
- 2 Eier
- ½ Tasse Zucker
- ½ TL Vanilleextrakt
- 3 Bananen, püriert
- ¼ Tasse Walnüsse, zerkleinert
- ¼ Tasse Rosinen, zerkleinert

Anweisungen

1. In einer Schüssel Mehl, Backpulver, Zimt und Salz gut vermischen.
2. In einer weiteren Schüssel Eier und Öl verquirlen. Zucker, Vanilleextrakt und Bananen hinzufügen.
3. Mit Schneebesen gut verrühren.
4. Die Mehlmischung hinzugeben und gründlich verrühren.
5. Backform einfetten und Mischung hinzugeben. Mit Walnüssen und Rosinen belegen.
6. Für 35 Minuten bei 150°C backen.

1 Portion: Kalorien: 461; **Fett:** 22g; **Kohlenhydrate:** 59g;

Ballaststoffe: 4g; **Protein:** 7g

CHOCOLATE-CREAM CAKE

Portionen: 6 - **VORBEREITUNG:** 15 MINUTEN – **ZUBEREITUNG:** 25 MINUTEN

Für Geburtstag, Party oder Kaffeeklatsch - über dieses einfache Schokoladenkuchen-Rezept geht nichts!

Zutaten

150°C Backen

- 1 Tasse Mehl
- 1/3 Tasse Kakaopulver
- 1 TL Backpulver
- ½ TL Natron
- 2 Prisen Salz
- 3 Eier
- 2/3 Tasse Zucker
- ½ Tasse Sauerrahm
- ½ Tasse Butter
- 2 TL Vanilleextrakt

Anweisungen

1. In einer Schüssel Mehl, Kakaopulver, Backpulver, Natron und Salz gut vermischen.
2. Restliche Zutaten hinzufügen und mit einem elektrischen Schneebesen schlagen.
3. Backform einfetten und Mischung hinzugeben.
4. 25 Minuten bei 150°C backen.

1 Portion: Kalorien: 383; **Fett:** 22g; **Kohlenhydrate:** 42g; **Ballaststoffe:** 2g; **Protein:** 7g

---

LAVAKUCHEN

Portionen: 4 - **VORBEREITUNG:** 15 MINUTEN – **ZUBEREITUNG:** 10 MINUTEN

Diese kleinen Schokoküchlein haben es in sich. Mit ihrem flüssigen Kern sind die Schokomuffins, auch genannt Lava-Cakes, ein absoluter Schokoladentraum.

Zutaten

150°C Backen

- 2/3 Tasse Schokoladenstückchen
- ½ Tasse ungesalzene Butter
- 2 Eier
- 2 Eigelb
- 1 Tasse Puderzucker
- 1 TL Pfefferminzextrakt
- 1/3 Tasse Weizenmehl
- 2 EL Puderzucker
- 1/3 Tasse Himbeeren

Anweisungen

1. In einer mikrowellengeeignete Schüssel Schokolade und Butter hinzugeben. In der Mikrowelle 30 Sekunden erhitzen.
2. Aus der Mikrowelle nehmen und Mischung umrühren. Eier, Eigelb, Pfefferminzextrakt und Puderzucker hinzufügen. Mehl hinzugeben und gut umrühren.
3. 4 kleine Förmchen einfetten und mit etwas Mehl betreuen. Mischung gleichmäßig in die Förmchen verteilen.
4. 10 Minuten bei 150°C backen.
5. Mit Puderzucker betreuen und Himbeeren garnieren.

1 Portion: Kalorien: 598; **Fett:** 36g; **Kohlenhydrate:** 60g; **Ballaststoffe:** 2g; **Protein:** 8g

CLAFOUTIS

Im Hochsommer schmecken die Kirschen am besten. Dies ist ein typischer französischer Kuchen.

Zutaten

160°C Backen

- 1 ½ Tassen entkernte Kirschen
- ¼ Tasse Mehl
- 2 EL Zucker
- Salz
- ½ Tasse Sauerrahm
- 1 Ei
- 1 EL Butter
- ¼ Tasse Puderzucker

Anweisungen

1. In einer Schüssel Mehl, Zucker und Salz gut vermischen.
2. Sauerrahm und Ei hinzufügen und gut verrühren.
3. Backform einfetten und Mehlmischung hinzugeben.
4. Mit Kirschen belegen.
5. 25 Minuten bei 160°C backen.
6. Mit Puderzucker bestreuen.

1 Portion: Kalorien: 201; **Fett:** 14g; **Kohlenhydrate:** 14g;

Ballaststoffe: 2g; **Protein:** 4g

EINFACHER KÄSEKUCHEN

Ein Klassiker, der für Freude an der Kaffeetafel sorgt und sich sowohl warm als auch kalt genießen lässt.

Zutaten

160°C Backen

- 500g Magerquark
- 3 Eier
- 130g Zucker
- 50g Mehl
- ½ Pckg Citroback
- 1 TL Backpulver
- 100g geschmolzene Butter

Anweisungen

1. Eier trennen, Eiweiß beiseitelegen. Eigelb, Quark, Citroback, abgekühlte Butter und Zucker in eine Schüssel geben und miteinander verschlagen.
2. Mehl mit Backpulver mischen, in die Quarkmasse geben und wieder verrühren.
3. Eiweiß steif schlagen und unter die Quarkmasse rühren.
4. Airfryer auf 160°C ca. 3 Minuten lang vorheizen.
5. Backform gut einfetten.
6. Teig in die Form geben
7. 30 Minuten lang bei 160°C backen.

1 Portion: Kalorien: 413; **Fett:** 20g; **Kohlenhydrate:** 34g;

Ballaststoffe: 2g; **Protein:** 13g

ZITRONEN KÄSEKUCHEN

Portionen: 8 - **VORBEREITUNG:** 15 MINUTEN – **ZUBEREITUNG:** 25 MINUTEN

Wer genug von den klassischen Käsekuchen hat, sollte unbedingt unseren Zitronen Käsekuchen probieren.

Zutaten

160°C Backen

- 500g Ricotta-Käse
- 3 Eier
- ¾ Tasse Zucker
- 3 EL Maisstärke
- 1 EL frischer Zitronensaft
- 2 TL Vanilleextrakt
- 1 TL frische Zitronenschale, fein gerieben

Anweisungen

1. In einer großen Schüssel alle Zutaten geben und gut vermischen.
2. Die Mischung in eine Kuchenform geben.
3. Diese in die Heissluftfritteuse geben und die Temperatur der Heissluftfritteuse auf 160°C einstellen.
4. 25 Minuten lang bei 160°C backen und anschließend ca. 1-2 Stunden abkühlen lassen.
5. Vor dem Servieren ca. 2-3 Stunden in den Kühlschrank stellen.

1 Portion: Kalorien: 197; **Fett:** 6g; **Kohlenhydrate:** 25,3g;

Ballaststoffe: 1g; **Protein:** 10,1g

FRUCHTIGER STREUSELKUCHEN

Portionen: 4 - **VORBEREITUNG:** 15 MINUTEN – **ZUBEREITUNG:** 20 MINUTEN

Der knusprige Streuselkuchen ist ein gern gesehener Gast auf jeder Kaffeetafel!

Zutaten

180°C Backen

- 220g frische Aprikosen, entkernt und gewürfelt
- 1 Tasse Brombeeren
- 1/3 Tasse Zucker
- 1 EL Zitronensaft
- 7/8 Tasse Mehl
- Salz
- 1 EL Wasser
- ¼ Tasse Butter, gewürfelt

Anweisungen

1. In einer großen Schüssel Aprikosen, Brombeeren, 2 EL Zucker und Zitronensaft gut vermischen.
2. Aprikosenmischung in eine Backform geben.
3. In einer weiteren Schüssel Mehl, restlichen Zucker, Salz, Wasser und Butter hinzufügen. Mischen, bis die Masse krümelig wird.
4. Mehlmischung gleichmäßig über die Aprikosenmischung verteilen.
5. In den Frittierkorb legen und 20 Minuten bei 180°C backen.

1 Portion: Kalorien: 307; **Fett:** 12g; **Kohlenhydrate:** 47g;

Ballaststoffe: 3g; **Protein:** 4g

MINI-APFELKUCHEN

Portionen: 6 - **VORBEREITUNG:** 20 MINUTEN – **ZUBEREITUNG:** 30 MINUTEN

Diese süßen Apfelkuchen im Mini-Format sind ein wahrer Genuss und machen durch ihre handliche Größe auch optisch was her. Sie können das Rezept auch in einer großen Form anwenden.

 ## Zutaten

150°C Backen

Für den Teig

- 1 ½ Tassen Mehl
- 1 TL Zucker
- Salz
- ½ Tasse Butter
- ¼ Tasse Wasser

Für Füllung

- 4 Äpfel, geschält und zerkleinert
- 1 TL Zitronenabrieb

- 2 ½ EL Zucker
- 2 EL Mehl
- 1 TL Zimt
- ¼ TL Muskatnuss
- ¼ Tasse Nutella
- 2 EL Zitronensaft
- 2 EL Butter

Für Belag

- 1 geschlagenes Ei
- 3 EL Zucker
- 1 TL Zimt

1 Portion: Kalorien: 442; **Fett:** 22g; **Kohlenhydrate:** 57g; **Ballaststoffe:** 2g; **Protein:** 5g

 ## Anweisungen

1. Für den Teig: In einer Schüssel Mehl, Zucker, Butter und Salz gut vermischen. Wasser hinzufügen und gut verrühren. Mit einer Folie abdecken und 30 Minuten kühlen lassen.

2. Währenddessen alle Zutaten für die Füllung in einer Schüssel gut vermengen und beiseitestellen.

3. Teig auf eine bemehlte Fläche legen und flachrollen. 12 Kreise aus dem Teig schneiden.

4. 6 Teigkreise in 6 Förmchen legen und mit der Masse gleichmäßig bestreichen.

5. Jeweils mit den restlichen Teigkreisen abdecken.

6. 3 Schlitze jeweils in jeden Kuchen einschneiden und mit geschlagenem Ei bestreichen.

7. In einer kleinen Schüssel Zimt und Zucker verrühren. Jeden Kuchen damit gleichmäßig bestreuen.

8. 30 Minuten lang bei 180°C backen.

FUDGE BROWNIES

Portionen: 8 - VORBEREITUNG: 15 MINUTEN **– ZUBEREITUNG:** 20 MINUTEN

Das ultimative Rezept für amerikanische Chocolate Fudge Brownies. Brownie-Rezept aus den USA für herrlich saftige Schoko-Brownies.

 **Zutaten**

180°C Backen

- 1 Tasse Zucker
- ½ Tasse Butter, geschmolzen
- ½ Tasse Mehl
- 1/3 Tasse Kakaopulver
- 1 TL Backpulver
- 2 Eier
- 1 TL Vanilleextrakt

Anweisungen

1. Backform einfetten.
2. In einer großen Schüssel Zucker und Butter mit dem Schneebesen schaumig rühren.
3. Die restlichen Zutaten hinzufügen und gut verrühren.
4. Mischung gleichmäßig in die Backform geben und glattstreichen.
5. 20 Minuten lang bei 180°C backen.
6. In 8 Brownies schneiden.

1 Portion: Kalorien: 252; **Fett:** 31g; **Kohlenhydrate:** 33g; **Ballaststoffe:** 1g; **Protein:** 13g

---

WALNUSS-BROWNIES

Portionen: 4 - VORBEREITUNG: 15 MINUTEN **– ZUBEREITUNG:** 22 MINUTEN

American Beauties, angeblich in Maine erfunden, heute ein Welt-Hit. Hier mit dicken Nussbrocken und viel Schokolade. Great!

 **Zutaten**

150°C Backen

- ½ Tasse Schokolade, zerkleinert
- 1/3 Tasse Butter
- 5 EL Zucker
- 1 Ei, geschlagen
- 1 TL Vanilleextrakt
- Salz
- 5 EL Mehl
- ¼ Tasse Walnüsse, zerkleinert

 **Anweisungen**

1. In einer mikrowellengeeigneten Schüssel Butter und Schokolade hinzufügen. In der Mikrowelle bei starker Hitze 2 Minuten erhitzen und alle 30 Sekunden umrühren.
2. Zucker, Ei, Vanilleextrakt und Salz in eine Schüssel geben und mit dem Schneebesen cremig schlagen.
3. Schokoladenmasse dazugeben und gut verrühren.
4. Backform mit Backpapier auslegen und Mischung dazugeben. Walnüsse unterheben oder darüber streuen. 20 Minuten bei 150°C backen.
5. In 4 Brownies schneiden.

1 Portion: Kalorien: 205; **Fett:** 14g; **Kohlenhydrate:** 1g; **Ballaststoffe:** 1g; **Protein:** 3g

MILKY DONUTS

Portionen: 12 - **VORBEREITUNG:** 15 MINUTEN – **ZUBEREITUNG:** 24 MINUTEN

Die amerikanischen Hefeteig-Kringel sind nicht nur superlecker, sondern auch ein echter Hingucker. Mit diesem Rezept können Sie Donuts ganz einfach in dem Aifryer backen.

Zutaten

180°C Backen

- 1 Tasse Weizenmehl
- 1 Tasse Weizenvollkornmehl
- 2 TL Backpulver
- Salz
- ¾ Tasse Zucker
- 1 Ei
- 1 EL Butter
- ½ Tasse Milch
- 2 TL Vanilleextrakt

Für Glasur

- 2 EL Puderzucker
- 2 EL Kondensmilch
- 1 EL Kakaopulver

Anweisungen

1. In einer Schüssel Mehl, Backpulver und Salz gut vermischen.
2. In einer weiteren Schüssel Ei mit Zucker verrühren.
3. Mit dem Schneebesen schlagen und Mehlmischung hinzugeben und weiter verrühren.
4. Teig für 1 Stunde kühlen lassen.
5. Teig auf eine bemehlte Fläche legen und flach rollen.
6. 24 Donuts aus dem Teig schneiden.
7. Donuts in 3 Durchgängen jeweils 8 Minuten bei 180°C in dem Airfryer backen.
8. In einer kleinen Schüssel Kondensmilch mit Kakaopulver mischen und als Glasur verwenden.
9. Donuts mit Puderzucker bestreuen.

1 Portion: Kalorien: 166; **Fett:** 2g; **Kohlenhydrate:** 33g;

Ballaststoffe: 3g; **Protein:** 4g

ROSINENBROT-PUDDING

Portionen: 3 - **VORBEREITUNG:** 15 MINUTEN **– ZUBEREITUNG:** 12 MINUTEN

Sowohl Rosinen als auch Vollkorntoast im Brotpudding liefern eine gute Portion Ballaststoffe – das regt die Verdauung an und trägt zur Darmgesundheit bei.

Zutaten

Anweisungen

190°C Backen

- 1 Tasse Milch
- 1 Ei
- 1 EL brauner Zucker
- ½ TL gemahlener Zimt
- ¼ TL Vanilleextrakt
- 2 EL Rosinen, 15 Minuten eingeweicht
- 2 Brotscheiben, gewürfelt
- 1 EL Schokoladenstückchen
- 1 EL Zucker

1. In einer Schüssel Milch, Ei, Zucker, Zimt und Vanilleextrakt gut vermischen. Rosinen unterrühren.
2. In einer Backform Brotwürfel verteilen und mit der Milchmischung begießen.
3. 20 Minuten in den Kühlschrank stellen.
4. Aus dem Kühlschrank nehmen und mit Schokolade sowie Zucker bestreuen.
5. 12 Minuten bei 190°C backen.

1 Portion: Kalorien: 143; **Fett:** 4g; **Kohlenhydrate:** 21g; **Ballaststoffe:** 4g; **Protein:** 5g

---

DONUTS-PUDDING

Portionen: 4 - **VORBEREITUNG:** 15 MINUTEN **– ZUBEREITUNG:** 60 MINUTEN

Dieses Rezept ist eine großartige Möglichkeit, um restliche Donuts aufzubrauchen.

Zutaten

Anweisungen

150°C Backen

- 6 glasierte Donuts, in kleine Stücke geschnitten
- ¾ Tassen gefrorene Kirchen
- ½ Tasse Rosinen
- ½ Tasse Schokoladenstückchen
- ¼ Tasse Zucker
- 1 TL Zimt
- 4 Eigelb
- 1 ½ Tasse Schlagsahne

1. In einer Schüssel Donuts, Kirschen, Rosinen, Schokolade, Zucker und Zimt zusammenmischen.
2. In einer weiteren Schüssel Eigelb und Schlagsahne verrühren.
3. Eigelbmasse mit Donuts vermengen.
4. Backform mit Backpapier auslegen.
5. 60 Minuten lang bei 150°C backen.

1 Portion: Kalorien: 786; **Fett:** 43g; **Kohlenhydrate:** 9g; **Ballaststoffe:** 1g; **Protein:** 11g

APFELBROT-PUDDING

Portionen: 8 - **VORBEREITUNG:** 15 MINUTEN – **ZUBEREITUNG:** 44 MINUTEN

Köstlich mit Vanilleeis oder Vanillesauce. Der Auflauf ist genau das Richtige für die kalte Jahreszeit.

 **Zutaten**

180°C Backen

Für Brotpudding

- 300g Brot, gewürfelt
- ½ Tasse Apfel, geschält und zerkleinert
- ½ Tasse Rosinen
- ¼ Tasse Walnüsse, zerkleinert
- 1 ½ Tassen Milch
- ¾ Tasse Wasser
- 5 EL Honig
- 2 TL Zimt
- 2 TL Maisstärke
- 1 TL Vanilleextrakt

Für Topping

- 1 1/3 Tasse Mehl
- 3/5 Tasse brauner Zucker
- 7 EL Butte

1 Portion: **Kalorien:** 432; **Fett:** 14g; **Kohlenhydrate:** 69g; **Ballaststoffe:** 1g; **Protein:** 8g

Anweisungen

1. In einer Schüssel Brot, Apfel, Rosinen und Walnüsse vermengen.
2. In einer weiteren Schüssel die restlichen Puddingzutaten hinzufügen und vermischen.
3. Milchmischung in die Brotmischung geben und gut verrühren.
4. 15 Minuten in den Kühlschrank stellen.
5. Für den Belag Mehl und Zucker in einer Schüssel vermischen. Butter hinzumischen.
6. Mischung gleichmäßig in 2 Backformen verteilen.
7. Jeweils 22 Minuten bei 180°C backen.

GEBACKENE BANANENSCHEIBEN

Portionen: 8 - **VORBEREITUNG:** 15 MINUTEN – **ZUBEREITUNG:** 15 MINUTEN

Beim Chinesen oder Thailänder können viele von uns nicht darauf verzichten: Gebackene Bananen!

 **Zutaten**

140°C Frittieren

- 4 Bananen, geschält
- 1/3 Tasse Reismehl
- 2 EL Weizenmehl
- 2 EL Kokosnusspulver
- ½ TL Backpulver
- ½ TL Kardamom
- ¼ Tasse Sesam
- Wasser, Salz

 **Anweisungen**

1. In einer Schüssel 2 EL Reismehl, Weizenmehl, Maismehl, Kokosnuss, Backpulver, Kardamom und Salz gut vermischen.
2. Nach und nach Wasser hinzufügen und gut vermischen.
3. Restliches Reismehl in eine zweite Schüssel geben.
4. In einer dritten Schüssel Sesam geben.
5. Jede Banane halbieren und dann in 2 Stücke schneiden.
6. Bananenscheiben in die Kokosnussmischung tauchen und mit dem restlichen Reismehl bestreichen. Anschließend in Sesam wenden.
7. 15 Minuten bei 140°C frittieren und bei der Hälfte einmal wenden.

1 Portion: **Kalorien:** 260; **Fett:** 6g; **Kohlenhydrate:** 51g; **Ballaststoffe:** 1g; **Protein:** 5g

SCHOKOLADENPUDDING

Portionen: 4 - VORBEREITUNG: 20 MINUTEN **– ZUBEREITUNG:** 15 MINUTEN

Unser Schokoladenpudding-Rezept ist das perfekte Dessert für Schokoholiker und Puddingliebhaber.

Zutaten

150°C Backen

- ½ Tasse Butter
- 2/3 Tasse dunkle Schokolade, gehackt
- ¼ Tasse Puderzucker
- 2 mittelgroße Eier
- 2 TL frische Orangenschale, fein gerieben
- ¼ Tasse frischer Orangensaft
- 2 EL Mehl

1 Portion: Kalorien: 450; **Fett:** 33g;

Kohlenhydrate: 34g; **Ballaststoffe:**

2g; **Protein:** 5,5g

Anweisungen

1. Butter und Schokolade in eine Schüssel geben.
2. In der Mikrowelle bei starker Hitze etwa 3 Minuten lang oder bis sie vollständig geschmolzen ist, erhitzen. Dabei alle 30 Sekunden umrühren.
3. Aus der Mikrowelle nehmen und die Mischung glattrühren.
4. Zucker und die Eier dazugeben und verquirlen, bis die Mischung schaumig ist.
5. Die Orangenschale und den Saft hinzufügen.
6. Anschließend das Mehl dazugeben und mischen.
7. Die Heissluftfritteuse auf 150°C stellen und die 4 Auflaufförmchen einfetten.
8. Die Mischung in die vorbereiteten Auflaufförmchen geben, bis diese etwa ¾ voll sind.
9. In die Heissluftfritteuse ca. 12 Minuten lang backen.
10. Vor dem Servieren vollständig abkühlen lassen.

SCHOKOLADENSOUFFLÉ

Portionen: 2 - VORBEREITUNG: 15 MINUTEN **– ZUBEREITUNG:** 30 MINUTEN

Ein Schokoladen Soufflé raubt einem die Sinne. Das Rezept sieht nicht nur toll aus. Es schmeckt einzigartig.

Zutaten

160°C Backen

- 90g Schokolade, zerkleinert
- ¼ Tasse Butter
- 2 Eier, Eigelb und Eiweiß getrennt
- 3 EL Zucker
- ½ TL Vanilleextrakt
- 2 EL Weizenmehl
- 1 TL Puderzucker

1 Portion: Kalorien: 569; **Fett:**

38g; **Kohlenhydrate:** 54g;

Ballaststoffe: 1g; **Protein:** 7g

Anweisungen

1. In eine mikrowellengeeignete Schüssel Butter mit Schokolade verrühren. 2 Minuten erhitzen.
2. In einer anderen Schüssel Eigelb verquirlen.
3. Zucker und Vanilleextrakt gut verrühren.
4. Schokoladenmischung hinzugeben und vermischen. Mehl einrühren.
5. In eine Schüssel Eiweiß mit dem Schneebesen verquirlen und unter die Schokoladenmasse heben.
6. 2 Förmchen einfetten und jeweils mit Zucker bestreuen.
7. Mischung gleichmäßig in die Förmchen verteilen.
8. Jeweils 14 Minuten bei 160°C backen.
9. Mit Puderzucker bestreuen.

KNUSPRIGER BANANENSPLIT

Portionen: 8 - **VORBEREITUNG:** 15 MINUTEN – **ZUBEREITUNG:** 15 MINUTEN

Bananensplit ist eines der beliebtesten Eisvariationen. Der Klassiker mit Bananen, Vanilleeis und Schokosauce ist ein Rezept zum Verlieben.

Zutaten

150°C Backen

- 3 EL Kokosöl
- 1 Tasse Semmelbrösel
- ½ Tasse Maismehl
- 2 Eier
- 4 Bananen, geschält und längs halbiert
- 3 EL Zucker
- ¼ TL Zimt, gemahlen
- 2 EL Walnüsse, gehackt

1 Portion: Kalorien: 216; **Fett:** 8,8g; **Kohlenhydrate:** 26g; **Ballaststoffe:** 0g; **Protein:** 3g

Anweisungen

1. In einer mittelgroßen Pfanne das Kokosöl bei mittlerer Hitze erhitzen und die Semmelbrösel unter ständigem Rühren etwa 5 Minuten lang oder bis sie goldbraun und zerbröckelt sind, braten.
2. Die Semmelbrösel in eine flache Schüssel geben und zum Abkühlen beiseitestellen.
3. In eine zweite Schüssel das Maismehl geben.
4. In einer dritten Schüssel die Eier verquirlen.
5. Die längs halbierten Bananen mit Mehl bestreichen, in die Schüssel mit den Eiern tauchen und zum Schluss gleichmäßig mit den Semmelbröseln bestreichen.
6. In einer kleinen Schüssel den Zucker und den Zimt mischen.
7. Den Garkorb einfetten, die vorbereiteten Bananen auf den Frittierkorb legen und mit Zimtzucker bestreuen.
8. Etwa 10 Minuten bei 150°C backen. Aus der Heissluftfritteuse nehmen und die Bananen zum Abkühlen auf Teller geben.
9. Mit gehackten Walnüssen bestreuen und servieren.

GEBRATENE KAROTTEN MIT HONIG

Portionen: 4 - **VORBEREITUNG:** 5 MINUTEN – **ZUBEREITUNG:** 12 MINUTEN

Dieses Rezept ist eine großartige Möglichkeit, in wenigen Minuten ein gesundes Dessert herzuzaubern. Wir empfehlen es mit Dill zu servieren.

Zutaten

190°C Backen

- 3 Tassen Babykarotten
- 1 EL natives Olivenöl
- 1 EL Honig
- Salz
- Pfeffer
- Optional: Dill

Anweisung

1. Babykarotten, Olivenöl, Honig, Salz und Pfeffer in einer großen Schüssel vermengen.
2. Die Karotten sollten mit dem Öl gut vermischt sein.
3. Die Karotten in die Heissluftfritteuse geben. Temperatur auf 190°C einstellen und 12 Minuten lang backen.
4. Anschließend die fertigen Karotten in eine Schüssel geben, auf Wunsch mit Dill bestreuen und servieren.

1 Portion: Kalorien: 80; **Fett:** 4g; **Kohlenhydrate:** 13g; **Ballaststoffe:** 0g; **Protein:** 1g

BRATÄPFEL MIT FÜLLUNG

Portionen: 4 - **VORBEREITUNG:** 5 MINUTEN – **ZUBEREITUNG:** 20 MINUTEN

Sie können dieses Rezept mit beliebigen Apfelsorten ausprobieren. Genau wie Art der Äpfel ist auch die Füllung sehr variabel.

 **Zutaten**

175°C Backen

- 5 EL gehackte Walnüsse
- 5 EL Rosinen
- 4 EL ungesalzene Butter, geschmolzen
- 1 TL gemahlener Zimt
- ½ TL gemahlene Muskatnuss
- 4 Äpfel

Beilage:

- Vanilleeis
- Ahornsirup

Anweisungen

1. Die Äpfel mit einem Ausstecher entkernen.
2. In einer kleinen Schüssel die Walnüsse, Rosinen, Butter, Zimt und Muskatnuss mischen.
3. Die entkernten Äpfel mit der Mischung füllen und in die Heissluftfritteuse legen.
4. Bei 175°C 20 Minuten lang backen.
5. Mit Vanilleeis und etwas Ahornsirup servieren.

1 Portion: Kalorien: 382; **Fett:** 19g; **Kohlenhydrate:** 55g; **Ballaststoffe:** 1g; **Protein:** 4g

---

KIRSCHKUCHEN

Portionen: 4 - **VORBEREITUNG:** 5 MINUTEN – **ZUBEREITUNG:** 30 MINUTEN

Das perfekte Dessert, das die ganze Familie lieben wird. Wir empfehlen es, mit einer heißen Tasse Kaffee für die Erwachsenen und einer warmen Tasse heißer Schokolade für die Kinder zu servieren.

 **Zutaten**

160°C Backen

- 1 Tasse Weizenmehl
- 1 Tasse Zucker
- 2 EL Backpulver
- ¾ Tasse Milch
- 8 EL ungesalzene Butter
- 1 Dose (500g) Kirschen

 **Anweisungen**

1. Mehl, Zucker und Backpulver in einer kleinen Rührschüssel vermischen. Milch dazugeben und weiter mischen.
2. Butter in der Mikrowelle schmelzen lassen. Die 20X20 cm Pfanne damit einfetten und den Teig dazugeben.
3. Nachdem sich der Teig verteilt hat, die Kirschen verteilen.
4. Die Heissluftfritteuse auf 160°C stellen und 30-35 Minuten backen. Anschließend aus der Heissluftfritteuse nehmen und abkühlen lassen.

1 Portion: Kalorien: 702; **Fett:** 15g; **Kohlenhydrate:** 98g; **Ballaststoffe:** 1g; **Protein:** 47g

ZUCCHINI-NUSS MUFFIN

Portionen: 4 - **VORBEREITUNG:** 15 MINUTEN – **ZUBEREITUNG:** 15 MINUTEN

Die kleinen Bissen mit dem versteckten Gemüse ist ein idealer Snack für zwischendurch.

 ## Zutaten

160°C Backen

- Pflanzenöl zum Einfetten
- ¼ Tasse Pflanzenöl
- ¾ Tasse Allzweckmehl
- ¾ TL gemahlener Zimt
- ¼ TL Salz
- ½ TL Backpulver
- 2 große Eier
- ½ Tasse Zucker
- ½ Tasse geriebene Zucchini
- ¼ Tasse gehackte Walnüsse

 ## Anweisungen

1. Muffin Backform mit etwas Pflanzenöl einfetten.

2. Mehl, Zimt, Salz und Backpulver in einer mittelgroßen Schüssel zusammensieben.

3. Eier, Zucker und Pflanzenöl in einer separaten mittelgroßen Schüssel verquirlen.

4. Den Inhalt der beiden Schüssel miteinander vermengen.

5. Die geriebenen Zucchini und gehackten Nüsse dazugeben und umrühren bis alles gut vermischt ist.

6. Den Teig in die Muffinbackform verteilen und in die Heissluftfritteuse geben. 15 Minuten lang bei 160°C backen.

7. Die Muffinbackform rausnehmen und 10 Minuten lang abkühlen lassen. Anschließend servieren.

1 Portion: Kalorien: 312; **Fett:** 8g; **Kohlenhydrate:** 41g; **Ballaststoffe:** 0g; **Protein:** 2g

LOW CARB REZEPTE: FRÜHSTÜCK

FRITTIERTE EIER

Portionen: 1 - VORBEREITUNG: 3 MINUTEN **– ZUBEREITUNG:** 3 MINUTEN

Low-Carb Basic Frühstück. Variieren Sie nach Geschmack.

Zutaten

Anweisungen

190°C Backen

- Ein großes Ei
- Avocadoöl

1. Frittierkorb mit Avocadoöl einfetten.
2. Ei im Korb aufschlagen und bei 190°C für 3 Minuten braten.

1 Portion: Kalorien: 65; **Fett:** 19g; **Kohlenhydrate:** 4g; **Ballaststoffe:** 1g; **Protein:** 6g

---

KÄSIGES GRÜNKOHL FRITTATA

Portionen: 6 - VORBEREITUNG: 5 MINUTEN **– ZUBEREITUNG:** 20 MINUTEN

Alle benötigten Zutaten für das Rezept sind in jeder Küche vorhanden und ist in 5 Minuten zubereitet.

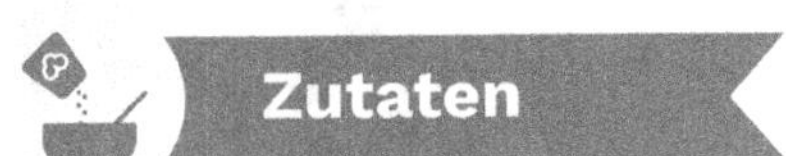
Zutaten

Anweisungen

180°C Backen

- 4 Eier
- 1 Tasse Grünkohl, gehackt
- ½ Tasse Feta, zerkleinert
- Salz und Pfeffer

1. Frittierkorb mit Avocadoöl einfetten.
2. In einer Schüssel Ei aufschlagen. Grünkohl, Käse, Salz und Pfeffer dazugeben.
3. In den Frittierkorb geben und 20 Minuten bei 180°C kochen lassen.

1 Portion: Kalorien: 285; **Fett:** 21g; **Kohlenhydrate:** 3g; **Ballaststoffe:** 1g; **Protein:** 18g

---

AVOCADO EI

Portionen: 2 - VORBEREITUNG: 5 MINUTEN **– ZUBEREITUNG:** 12 MINUTEN

Wenn Sie ein Avocado-Fan sind, werden Sie dieses Rezept zum Frühstück lieben.

Zutaten

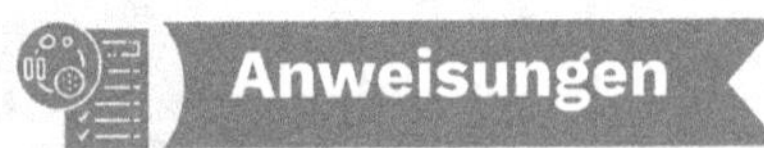
Anweisungen

200°C Backen

- 1 Avocado, entkernt
- 2 Eier
- ¼ TL Salz
- ¼ TL Pfeffer
- ¼ Tasse Cheddar

1. Frittierkorb mit Avocadoöl einfetten.
2. Avocado nach der Länge halbieren und entkernen. Mit der Hälfte des Salzes würzen und in jeder Mulde ein Ei aufschlagen.
3. Würzen und mit Cheddar belegen.
4. 12 Minuten bei 200°C backen.

1 Portion: Kalorien: 460; **Fett:** 40g; **Kohlenhydrate:** 4g; **Ballaststoffe:** 1g; **Protein:** 12g

FRENCH TOAST-STICKS

Portionen: 2 - VORBEREITUNG: 5 MINUTEN **– ZUBEREITUNG:** 8 MINUTEN

Französisches Frühstücksrezept. Servieren Sie es mit etwas Schlagsahne.

 ## Zutaten

 ## Anweisungen

180°C Backen

- 2 Scheiben Mandelbrot
- 1 Ei
- 1 EL Konditorsahne
- ½ TL Zimt
- ¼ TL Vanilleextrakt
- 10 Tropfen Stevia
- Avocadoöl/Ungesalzene Butter

1. Frittierkorb mit Avocadoöl einfetten.
2. Ei in einer Schüssel aufschlagen und Stevia, Zimt, Vanille sowie Sahne hinzugeben.
3. Mit dem Schneebesen verrühren.
4. Jede Brotscheibe in 4 längliche Stücke schneiden und in die Eimischung tauchen.
5. In den Frittierkorb geben und 8 Minuten bei 180°C backen. Bei der Hälfte einmal wenden.

1 Portion: Kalorien: 437; **Fett:** 42g; **Kohlenhydrate:** 2g;

Ballaststoffe: 1g; **Protein:** 14g

WAFFELN

Portionen: 1 - VORBEREITUNG: 5 MINUTEN **– ZUBEREITUNG:** 6 MINUTEN

Diese Waffeln isst bestimmt jeder gern. Mit dem Rezept ist der Waffelteig im Handumdrehen zusammengerührt und gelingt garantiert.

 ## Zutaten

Anweisungen

180°C Backen

- 10g Butter
- Prise Stevia
- 40g Sahnequark
- 1 EL Xylit
- ½ Pkg. Backpulver
- 1 Ei

1. Butter schmelzen lassen und mit dem Quark, Mandelmehl, Backpulver, Ei sowie Süßstoff zu einem Teig verrühren.
2. 10 Minuten ruhen lassen.
3. In eine Waffelform geben und 6 Minuten bei 180°C backen.

1 Portion: Kalorien: 249; **Fett:** 17g; **Kohlenhydrate:** 8g;

Ballaststoffe: 1g; **Protein:** 14g

KAISERSCHMARRN

Wundervoller Wiener Kaiserschmarrn, der unserem Gaumen Freude bereitet. Das Rezept für köstliche Momente.

Zutaten

170°C Backen

- Stevia
- 2 Eier
- 2 EL Mandelmehl
- 1 EL Xylit
- 100ml Mandelmilch
- Bittermandel Aroma

Anweisungen

1. Eier trennen und Eiklar zu einem Eisschnee schlagen.
2. Eigelb mit Mandelmehl, Mandelmilch, Süßstoff und Bittermandel zusammen vermengen.
3. Eischnee unterrühren und in den Frittierrkorb geben.
4. Für 8 Minuten bei 170°C backen.
5. Butter über den Teig geben und weitere 2 Minuten backen.

1 Portion: Kalorien: 224; **Fett:** 15g; **Kohlenhydrate:** 4g; **Ballaststoffe:** 1g; **Protein:** 17g

---

WÜRZIGE KÄSEMUFFINS

Mit Sauerrahm und einem kleinen Salat servieren.

Zutaten

170°C Backen

- 1 EL geriebene Gouda
- 2 Eier
- Salz und Pfeffer
- 20g Butter
- 1 EL gehobelte Parmesan
- 60g Mandelmehl

Anweisungen

1. Butter schaumig rühren und Eier dazugeben.
2. Mehl einarbeiten und Gouda unterrühren.
3. Mit Salz und Pfeffer würzen und in 4 Muffinförmchen geben.
4. Mit Parmesan bestreuen und für 12 Minuten bei 170°C backen.

1 Portion: Kalorien: 508; **Fett:** 35g; **Kohlenhydrate:** 5g; **Ballaststoffe:** 1g; **Protein:** 41g

NUSS-MIX TO GO

Portionen: 1 - VORBEREITUNG: 4 MINUTEN **– ZUBEREITUNG:** 10 MINUTEN

Großartiges Power Frühstück für unterwegs.

Zutaten

160°C Backen

- 10g Mandeln
- 10g Cashew
- 10g Walnüsse
- 10g Erdnüsse
- 1 Prise Salz
- 1 Chili
- ½ Stange Zitronengras
- 2 Limettenblätter

Anweisungen

1. Limettenblätter, Gras und Chili fein schneiden und mit Nüssen vermengen.
2. Mit Salz würzen.
3. Für 10 Minuten bei 160°C garen.

1 Portion: Kalorien: 243; **Fett:** 21g; **Kohlenhydrate:** 6g; **Ballaststoffe:** 1g; **Protein:** 7g

---

SÜSSE SCHINKENKIPFERL

Portionen: 4 - VORBEREITUNG: 17 MINUTEN **– ZUBEREITUNG:** 20 MINUTEN

Sehr lecker und nach Geschmack variierbar. Z. B. mit Marmelade füllen.

Zutaten

170°C Backen

Für Kipferl:

- 40g Quark
- 1 Eigelb
- 40g Mandelmehl
- 1 Prise Salz
- 30g Butter

Für Fülle:

- 0g Geflügel-Schinken
- 1 Schalotte
- 1 Spritzer Öl
- Salz und Pfeffer
- 1 TL gehackte Petersilie

Anweisungen

1. Butter, Quark, Mandelmehl und Salz zu einem festen Teig mischen.
2. Mit Folie abdecken und für 30 Minuten im Kühlschrank ruhen lassen.
3. Zu einem 3mm dicken Teig ausrollen.
4. In 4 Dreiecke schneiden.
5. Schinken und Schalotte zerkleinern, würzen und mit etwas Öl in einer Pfanne anbraten.
6. Dreiecke damit befüllen.
7. Zu Kipferl formen und in den Garkorb geben. Mit Eigelb bestreichen.
8. Bei 170°C für 20 Minuten backen.

1 Portion: Kalorien: 424; **Fett:** 31g; **Kohlenhydrate:** 8g; **Ballaststoffe:** 1g; **Protein:** 25g

CHERRY TOMATEN MIT ROSMARIN

Portionen: 1 - **VORBEREITUNG:** 5 MINUTEN – **ZUBEREITUNG:** 6 MINUTEN

Ideal als kleine vegetarische Mahlzeit, Beilage oder Snack.

Zutaten

Anweisungen

170°C Backen

- 200 Gramm Cherry Tomaten
- 1 Zweig Rosmarin
- Salz und Pfeffer
- Etwas Olivenöl

1. Cherry-Tomaten, Rosmarin und etwas Olivenöl in einer Schüssel mischen.

2. Anschließend in die Heissluftfritteuse geben und bei 170° Celsius für 6 Minuten braten. Bei Hälfte der Zeit durchschütteln.

3. Mit Salz und Pfeffer abschmecken und servieren.

1 Portion: Kalorien: 74; **Fett:** 4,7g; **Kohlenhydrate:** 6g; **Ballaststoffe:** 0g; **Protein:** 2g

LOW CARB REZEPTE: FISCH

TOMATENGARNELEN

Portionen: 1 - VORBEREITUNG: 6 MINUTEN **– ZUBEREITUNG:** 10 MINUTEN

Oft ist weniger mehr, wie dieses Gericht zeigt: Garnelen, Tomaten, Pak Choi und ein paar Gewürze - mehr braucht es nicht, um dieses tolle Blitzgericht zu zaubern.

Zutaten

160°C Braten

- 2 Tomaten
- ½ Zwiebel
- 1 EL Apfelessig
- 1 TL gehackte Kräuter
- 30g Pak Choi
- 120g geschälte Garnelen

Anweisungen

1. Tomaten in 8 Stücke schneiden und Knoblauch fein hacken. Zwiebel in Streifen schneiden und Pak Choi zerkleinern.
2. Alles mit Garnelen, Kräutern, Salz, Apfelessig und Pfeffer in den Frittierkorb geben.
3. Bei 160°C für 10 Minuten garen.

1 Portion: Kalorien: 127; **Fett:** 1g; **Kohlenhydrate:** 5g;

Ballaststoffe: 2g; **Protein:** 24g

MANDELKRUSTE ZANDERFILET

Portionen: 1 - VORBEREITUNG: 8 MINUTEN **– ZUBEREITUNG:** 8 MINUTEN

Ein beliebter Klassiker unter den Fischrezepten ist dieses Rezept für Zanderfilet mit Gemüse.

Zutaten

170°C Braten

- 2 EL Mandelblättchen
- 1 Ei
- 1 Zanderfilet
- 1 EL Mandelmehl
- Zitronensaft
- 1 TL Sauerampfer
- 1 TL Petersilie
- 1 TL Basilikum
- 1 TL Petersilie

Anweisungen

1. Zander mit Pfeffer und Salz würzen. Mit Zitronensaft beträufeln.
2. Ei mit Kräutern und Mandelmehl vermengen.
3. Mandeln unterheben und in die Mischung wenden.
4. Fisch durch den Backteig wenden.
5. Für 8 Minuten bei 170°C backen.

1 Portion: Kalorien: 360; **Fett:** 19g; **Kohlenhydrate:** 7g;

Ballaststoffe: 2g; **Protein:** 40g

KÜRBISMANTEL FISCHFILET

Portionen: 1 - VORBEREITUNG: 6 MINUTEN **– ZUBEREITUNG:** 10 MINUTEN

Ein gebratenes Fischfilet schmeckt frisch, lecker und wird mit Zitrone noch besser. Dieses einfache und schnelle Rezept schmeckt köstlich.

 **Zutaten**  **Anweisungen**

180°C Braten

- 130g Fischfilet
- Zitronensaft
- Pfeffer und Salz
- 30g Kürbis in dünne Scheiben

1. Fisch halbieren und mit Salz sowie Pfeffer würzen. Mit Zitronensaft beträufeln.
2. Fisch in dünne Scheiben vom Kürbis einwickeln.
3. Für 10 Minuten bei 180°C braten.

1 Portion: Kalorien: 261; **Fett:** 17g; **Kohlenhydrate:** 3g; **Ballaststoffe:** 2g; **Protein:** 24g

---

FISCHEINTOPF

Portionen: 1 - VORBEREITUNG: 5 MINUTEN **– ZUBEREITUNG:** 10 MINUTEN

Viel leckeres Gemüse und das aromatische und zarte Fischfilet machen den Eintopf einzigartig. Das Ergebnis: delikat!

 **Zutaten**  **Anweisungen**

180°C Garen

- 30g Muscheln
- 1 TL Frischkäse
- 2 Garnelen
- 1 Tomate
- 20g Auberginen
- 30g Tintenfisch
- 100g Fischfilet
- 1 Tomate
- ½ Zucchini
- ¼ rote Paprika
- ¼ gelbe Paprika
- Oregano
- Kerbel

1. Meeresfrüchte und Fisch mit Pfeffer sowie Salz würzen. Mit Zitronensaft beträufeln.
2. Gemüse zerkleinern und mit Tomatensaft, Kräutern in die Heissluftfritteuse geben.
3. Für 8 Minuten bei 180°C garen.
4. Fisch und Meeresfrüchte zum Gemüse geben.
5. Frischkäse unterrühren und weitere 2 Minuten garen.

1 Portion: Kalorien: 181; **Fett:** 2g; **Kohlenhydrate:** 7g; **Ballaststoffe:** 2g; **Protein:** 32g

SEETEUFEL IN WASABI

Portionen: 1 - **VORBEREITUNG:** 8 MINUTEN **– ZUBEREITUNG:** 8 MINUTEN

In diesem Seeteufel-Rezept steckt alles, was die mediterrane Küche so gesund macht.

 **Zutaten**

 **Anweisungen**

180°C Braten

- 130g Seeteufel
- 1 EL Frischkäse
- 2 EL Sahne
- Etwas Wasabipulver
- 1 Prise Meersalz
- 1 Knoblauchzehe
- Etwas Zitronensaft
- 1 Tasse Brühe
- 2 Schalotten

1. Seeteufel putzen und mit Salz würzen.
2. In den Garkorb geben.
3. Schalotten und Knoblauch fein hacken und zum Garkorb geben.
4. Bei 180°C für 2 Minuten anrösten.
5. Wasabi hinzugeben und mit Brühe aufgießen.
6. Sahne und Frischkäse dazugeben und weitere 6 Minuten kochen.
7. Fisch mit der Sauce servieren.

1 Portion: Kalorien: 140; **Fett:** 5g; **Kohlenhydrate:** 4g;

Ballaststoffe: 2g; **Protein:** 18g

SELBSTGEMACHTE FISCHSTÄBCHEN

Portionen: 2 - **VORBEREITUNG:** 7 MINUTEN **– ZUBEREITUNG:** 8 MINUTEN

Diese selbstgemachten Fischstäbchen sind nicht nur leckerer als vom Supermarkt, sondern auch viel gesünder!

 **Zutaten**

 **Anweisungen**

170°C Frittieren

- 140 Gramm Fischfilet
- 5 Low Carb Kekse
- 1 TL Mandelmehl,
- 1 Ei
- Salz und Pfeffer

1. Den Fisch in Stäbchenform schneiden und diese mit Mandelmehl umhüllen.
2. Das Ei mit Salz und Pfeffer verquirlen und die Fischstäbchen darin wälzen.
3. In einem Gefrierbeutel die Low Carb Kekse mit einem Mörser gut zerbröseln und die Fischstäbchen in den Bröseln panieren.
4. Fischstäbchen in den Garkorb legen und bei 170°C für 8 Minuten frittieren.

1 Portion: Kalorien: 148; **Fett:** 6,2g; **Kohlenhydrate:** 5,9g;

Ballaststoffe: 1g; **Protein:** 37,2g

JAKOBSMUSCHELN IN ZITRONENBUTTER

Portionen: 1 - **VORBEREITUNG:** 5 MINUTEN – **ZUBEREITUNG:** 5 MINUTEN

Jakobsmuscheln sind eine Delikatesse. Die feine Buttersauce unterstreicht deren zarten Geschmack. Das zarte Fleisch sollte nicht zu lange erhitzt werden

 **Zutaten**

 **Anweisungen**

180°C Frittieren

- 2 EL Butter
- Abrieb und Saft Zitrone
- Pfeffer und Salz
- 4 Jakobsmuscheln

1. Jakobsmuscheln lösen und mit Pfeffer & Salz würzen.
2. In den Garkorb geben und bei 180°C für 4 Minuten braten.
3. Butter mit Abrieb und Zitronensaft schlagen.
4. In den Frittierkorb geben und weitere Minute garen.

1 Portion: Kalorien: 106; **Fett:** 8,2g; **Kohlenhydrate:** 2,9g; **Ballaststoffe:** 1g; **Protein:** 3,9g

---

TINTENFISCH MIT KRÄUTER-DIP UND KNOBLAUCH

Portionen: 1 - **VORBEREITUNG:** 6 MINUTEN – **ZUBEREITUNG:** 8 MINUTEN

Wenn Sie frische Tintenfische bekommen, sollte Sie diese zur Feier des Tages einmal wie in Griechenland oder Spanien grillen.

 **Zutaten**

 **Anweisungen**

180°C Frittieren

- 140g Tintenfisch
- 2 EL Mandelmehl
- 3 EL Haselnüsse gerieben
- Pfeffer und Salz
- 2 EL Frischkäse
- 1 TL gehackte Kräuter
- 1 Knoblauchzehe

1. Tintenfisch in Ringe schneiden und in Mandelmehl wenden.
2. Eier mit Pfeffer und Salz vermischen und Tintenfisch reintauchen.
3. In Haselnüssen panieren.
4. In den Garkorb geben und bei 180°C für 8 Minuten frittieren.
5. Währenddessen gehackte Knoblauchzehe mit Frischkäse und Kräutern vermengen.
6. Mit Salz und Pfeffer würzen.

1 Portion: Kalorien: 508; **Fett:** 33g; **Kohlenhydrate:** 8g; **Ballaststoffe:** 1g; **Protein:** 43g

WELSFISCH

Portionen: 4 - VORBEREITUNG: 15 MINUTEN **– ZUBEREITUNG:** 13 MINUTEN

Den Wels kann man sehr lecker mit wenigen Zutaten zubereiten.

Zutaten

Anweisungen

200°C Braten

- 1 EL Petersilie, gehackt
- 1 EL Olivenöl
- Fischgewürz
- 4 Welsfilets, angebraten

1. Welsfilets abspülen und trocken tupfen. Gründlich mit den Gewürzen einreiben.
2. Filets mit Öl einfetten und für 10 Minuten bei 200°C braten. Wenden und für weitere 3 Minuten braten.

1 Portion: Kalorien: 208; **Fett:** 5g; **Kohlenhydrate:** 8g;

Ballaststoffe: 0g; **Protein:** 17g

MUSCHEL MIT KNOCHBLAUCH-OREGANO

Portionen: 4 - VORBEREITUNG: 10 MINUTEN **– ZUBEREITUNG:** 5 MINUTEN

Muscheln werden überwiegend im Urlaub verzehrt. Der Geruch und Geschmack von Meer löst bei vielen das Urlaubsfeeling aus.

Zutaten

Anweisungen

195°C Braten

- ¼ Tasse geriebene Parmesan
- ¼ Tasse gezupfte Petersilie
- 1 Tasse Semmelbrösel
- 1 TL Oregano
- 20 Miesmuschel
- 3 Knoblauchzehen
- 4 TL geschmolzene Butter

1. In einer Schüssel die Semmelbrösel, Parmesan, Petersilie, Oregano und Knoblauch vermischen. Die geschmolzene Butter mit einrühren.
2. Heissluftfritteuse auf 195°C vorheizen.
3. Die Muscheln in eine Backform platzieren und die Semmelbröselmischung über die Muschel streuen und für 5 Minuten braten.

1 Portion: Kalorien: 162; **Fett:** 12,3g; **Kohlenhydrate:** 6,1g;

Ballaststoffe: 0g; **Protein:** 2,9g

KABELJAUFILET MIT BASILIKUM-DRESSING

Portionen: 4 - VORBEREITUNG: 10 MINUTEN **– ZUBEREITUNG:** 15 MINUTEN

Das Kabeljaufilet mit dem Basilikum-Dressing ist abgesehen von seinen Top-Nährwerten auch noch sehr "leicht" und damit gut verdaulich.

 **Zutaten**

 **Anweisungen**

175°C Braten

- ¼ Tasse Olivenöl
- 4 Kabeljaufilets
- 1 Bündel Basilikum, grob gezupft
- Zitronensaft, aus einer einzelnen Zitrone
- 1 Prise Salz und Pfeffer

1. Heissluftfritteuse für 5 Minuten vorheizen.
2. Die Kabeljaufilets mit Salz und Pfeffer würzen.
3. In die Heissluftfritteuse platzieren und für 15 Minuten bei 175°C backen.
4. Währenddessen die restlichen Zutaten in einer Schüssel mischen.
5. Zusammen mit den fertigen Filets servieren.

1 Portion: Kalorien: 234; **Fett:** 18,9g; **Kohlenhydrate:** 2,1g; **Ballaststoffe:** 0g; **Protein:** 14g

---

HONIG LACHS MIT SAUCE

Portionen: 4 - VORBEREITUNG: 10 MINUTEN **– ZUBEREITUNG:** 10 MINUTEN

Der zarte Lachs ist nicht nur reich an hochwertigem Protein, daneben punktet er mit jeder Menge Vitamin E sowie gesunden Omega-3-Fettsäuren.

 **Zutaten**

 **Anweisungen**

180°C Braten

- 1 EL Wasser
- 3 EL Reisweinessig
- 6 EL Sojasauce
- 6 EL roher Honig
- 2 Lachsfilets

1 Portion: Kalorien: 390; **Fett:** 8g; **Kohlenhydrate:** 20g; **Ballaststoffe:** 0g; **Protein:** 16g

1. Wasser, Essig, Honig und Sojasauce miteinander vermischen. Die Hälfte dieser Mischung in einer Schüssel geben.
2. Lachs in einer dieser Schüssel für 2 Stunden miteinander marinieren lassen.
3. Den Lachs für 8 Minuten bei 180°C in der Heissluftfritteuse braten.
4. Einen Teil der restlichen Marinade über den Lachs beträufeln und für weitere 5 Minuten garen.
5. Für die Sauce, die restliche Marinade in einen Topf, bis zum Kochen erhitzen. Für 2 Minuten köcheln.
6. Lachs mit Sauce servieren.

LOW CARB REZEPTE: FLEISCH

TRUTHAHN RAGOUT

Portionen: 1 - **VORBEREITUNG:** 6 MINUTEN – **ZUBEREITUNG:** 12 MINUTEN

Als Beilage zum Truthahnragout passen zum Beispiel Polenta, Nockerl oder Salzkartoffel.

 **Zutaten**

 **Anweisungen**

160°C Frittieren

- 1 Tasse Brühe
- 1 EL Frischkäse
- ½ Zucchini
- ¼ gelbe Paprika
- 120g Truthahnbrust
- 50g Kürbis ohne Schale
- 1 TL Kräuter nach Wahl
- 1 Prise Zimt
- Salz und Pfeffer

1. Fleisch in Streifen schneiden. Kürbis, Zucchini und Paprika würfeln.
2. In den Garkorb geben. Bei 160°C für 5 Minuten frittieren.
3. Mit Brühe aufgießen und mit Pfeffer, Salz, Zimt und Kräuter würzen.
4. Für 5 Minuten braten.
5. Mit Frischkäse verfeinern und 2 Minuten garen

1 Portion: Kalorien: 173; **Fett:** 2,5g; **Kohlenhydrate:** 8g; **Ballaststoffe:** 1g; **Protein:** 30g

---

HÄHNCHENKEULEN IN INGWER

Portionen: 1 - **VORBEREITUNG:** 23 MINUTEN – **ZUBEREITUNG:** 20 MINUTEN

Als Beilage für das Hähnchen passen Kartoffel, Gemüse mit Balsamico-Sauce oder Reis.

 **Zutaten**

 **Anweisungen**

180°C Frittieren

- 1cm Ingwer
- 1 Tasse Orangensaft
- Meersalz
- 1 rote Chili
- 1 EL Apfelessig
- 6 Hähnchenkeulen

1. Ingwer mit Saft, Apfelessig, Meersalz und Chili im Mixer mixen.
2. Die Hähnchenkeulen mindestens 20 Minuten marinieren.
3. Bei 180°C für 20 Minuten frittieren.

1 Portion: Kalorien: 191; **Fett:** 4g; **Kohlenhydrate:** 1g; **Ballaststoffe:** 1g; **Protein:** 37g

PEKING ENTE

Portionen: 1 - **VORBEREITUNG:** 23 MINUTEN **– ZUBEREITUNG:** 20 MINUTEN

Entenbrust in Süß-Sauer-Sauce tauchen und genießen.

Zutaten

Anweisungen

200°C Braten

- 150g Entenbrust
- 1 EL dunkle Sojasauce
- 1 EL helle Sojasauce
- 1cm Ingwer
- Pfeffer
- 1 TL Reisessig
- 1 TL 5-Gewürze Gewürzmischung
- 3 EL Orangensaft

1. Alle Zutaten außer Ente in den Mixer auf höchster Stufe mixen.
2. Ente über Nacht marinieren.
3. Bei 200°C für 20 Minuten braten.

1 Portion: Kalorien: 403; **Fett:** 33g; **Kohlenhydrate:** 4g; **Ballaststoffe:** 1g; **Protein:** 20g

---

GEFLÜGELLEBER

Portionen: 1 - **VORBEREITUNG:** 4 MINUTEN **– ZUBEREITUNG:** 8 MINUTEN

Geflügelleber enthält nur wenig Fett und ist ungewöhnlich vitamin- und mineralstoffreich.

Zutaten

Anweisungen

180°C Braten

- 120g Geflügelleber
- ½ Apfel
- Salz und Pfeffer
- 1 Schalotte
- 1 TL saure Sahne
- 1 TL gehackter Kerbel

1. Geflügelleber mit Salz und Pfeffer würzen.
2. Schalotte würfeln und Apfel in Spalten schneiden.
3. Alles in den Garkorb geben und 8 Minuten lang bei 180°C braten.
4. Mit einem TL saurer Sahne und Kerbel servieren.

1 Portion: Kalorien: 194; **Fett:** 7g; **Kohlenhydrate:** 7g; **Ballaststoffe:** 1g; **Protein:** 25g

HÄHNCHEN A LA HAWAII

Portionen: 1 - **VORBEREITUNG:** 5 MINUTEN – **ZUBEREITUNG:** 12 MINUTEN

Wer mag, kann dieses Rezept auch noch mit Zwiebeln, Möhren und frischer Paprika verfeinern

Zutaten

170°C Frittieren

- 120g Hühnerschnitzel
- 1 Scheibe Ananas
- 2 Scheiben Gouda
- 1 Scheibe Putenschinken
- Pfeffer und Salz

Anweisungen

1. Hühnerschnitzel klopfen und mit Salz & Pfeffer würzen.
2. Ananas und Putenschinken daraufsetzen und mit Gouda bedecken.
3. Für 12 Minuten bei 170°C garen

1 Portion: Kalorien: 267; **Fett:** 8g; **Kohlenhydrate:** 5g;

Ballaststoffe: 1g; **Protein:** 43g

GEFLÜGELSPIESSE

Portionen: 1 - **VORBEREITUNG:** 6 MINUTEN – **ZUBEREITUNG:** 10 MINUTEN

Die Geflügelspieße mit Hähnchen und Gemüse liegen einem nicht schwer im Magen und passen ideal zu einem leichten Salat.

Zutaten

170°C Frittieren

- 120g Hühnerbrust
- 2 Knoblauchzehen
- 20g Ananas
- 2 Schalotten
- ¼ gelbe Paprika
- ¼ rote Paprika
- Pfeffer und Salz

Anweisungen

1. Hühnerbrust würfeln.
2. Paprika und Ananas in gleich große Stücke schneiden.
3. Zutaten abwechselnd auf einen Spieß geben und würzen.
4. Bei 170°C für 10 Minuten grillen

1 Portion: Kalorien: 217; **Fett:** 5g; **Kohlenhydrate:** 6g;

Ballaststoffe: 1g; **Protein:** 38g

HÜHNER CURRY

Portionen: 1 - **VORBEREITUNG:** 6 MINUTEN **– ZUBEREITUNG:** 12 MINUTEN

Klassisches Hühnercurry ist ein typisches Fleischgericht aus der thailändischen Küche!

 **Zutaten**

170°C Braten

- ½ Mango
- 120g Hühnerbrust
- 1 rote Chili
- ¼ rote Paprika
- 20g Zuckerschoten
- ½ TL Currypulver
- 1 Tasse Brühe
- Sojasauce
- Süßstoff
- 2 EL Joghurt

Anweisungen

1. Hühnchen, Mango, Kürbis, Zuckerschoten und Paprika in gleich große Stücke schneiden.
2. Mit fein geschnittenem Chili in die Heissluftfritteuse geben.
3. Für 5 Minuten bei 170°C anbraten.
4. Mit Brühe aufgießen und Curry dazugeben.
5. Weitere 5 Minuten garen.
6. Mit Joghurt verfeinern und Sojasauce sowie Süßstoff dazugeben.
7. Weitere 2 Minuten braten.

1 Portion: Kalorien: 257; **Fett:** 4g; **Kohlenhydrate:** 14g;

Ballaststoffe: 1g; **Protein:** 40g

ZWIEBELROSTBRATEN

Portionen: 1 - **VORBEREITUNG:** 6 MINUTEN **– ZUBEREITUNG:** 15 MINUTEN

Der Braten ist ein Gericht für die ganze Familie.

 **Zutaten**

180°C Kochen

- 120g Rinderhüfte
- 1 Tasse Brühe
- 1 Zwiebel
- 2 Knoblauchzehen
- Salz und Pfeffer
- 1 TL Olivenöl
- 2 EL Sahne
- Etwas scharfe Senf

 **Anweisungen**

1. Rinderhüfte und Zwiebel in Streifen schneiden und Knoblauch hacken.
2. Mit Senf in die Heissluftfritteuse geben.
3. 5 Minuten mit etwas Öl bei 180°C kochen.
4. Mit Brühe aufgießen und 10 Minuten köcheln lassen.
5. Mit Sahne verfeinern und Salz, Pfeffer abschmecken.

1 Portion: Kalorien: 203; **Fett:** 10g; **Kohlenhydrate:** 5g;

Ballaststoffe: 1g; **Protein:** 24g

SCHARFE KOTELETTS

Portionen: 1 - **VORBEREITUNG:** 6 MINUTEN **– ZUBEREITUNG:** 10 MINUTEN

Kalbfleisch im Reich der Gewürze.

 **Zutaten**

 **Anweisungen**

180°C Garen

- ½ TL Olivenöl
- 1 Kalbskotelett ohne Knochen
- 1 Rosmarinzweig
- 1 Prise Salz
- Etwas Pfeffer

1. Olivenöl mit Pfeffer verrühren und Kotelett damit einreiben.
2. Mit Salz und Rosmarin bestreuen.
3. In den Garkorb geben und für 10 Minuten bei 180°C garen.

1 Portion: Kalorien: 140; **Fett:** 8g; **Kohlenhydrate:** 0g;

Ballaststoffe: 1g; **Protein:** 18g

HACKFLEISCH EINTOPF

Portionen: 1 - **VORBEREITUNG:** 8 MINUTEN **– ZUBEREITUNG:** 10 MINUTEN

Eintöpfe sind praktisch, machen meist wenig Arbeit und schmecken jedem.

 **Zutaten**

 **Anweisungen**

180°C Braten

- 2 Knoblauchzehen
- ½ Zwiebel
- ½ Möhre
- ½ Stange Staudensellerie
- 100g Rinderhack
- 1 Tasse Brühe
- 4 EL Sahne
- Salz und Pfeffer
- Gehackter Petersilie

1. Staudensellerie in Ringe schneiden, Möhre raspeln. Knoblauch und Zwiebel hacken.
2. Zusammen mit Fleisch in Garkorb geben.
3. Bei 180°C für 5 Minuten anbraten.
4. Mit Brühe aufgießen und mit Sahne verfeinern.
5. Weitere 5 Minuten garen.
6. Mit Pfeffer und Salz abschmecken.
7. Mit Petersilie bestreuen.

1 Portion: Kalorien: 290; **Fett:** 17g; **Kohlenhydrate:** 8g;

Ballaststoffe: 2g; **Protein:** 26g

GEFÜLLTE PAPRIKA

Portionen: 1 - **VORBEREITUNG:** 10 MINUTEN – **ZUBEREITUNG:** 20 MINUTEN

Ein Liebling, der so schnell nicht aus der Mode kommt: gefüllte Paprikaschote

Zutaten

Anweisungen

170°C Garen

- 1 rote Paprika
- 1 Knoblauchzehe
- ½ Zwiebel
- 60g Rinderhack
- ½ Eiweißbrot-Scheibe
- 1 Ei
- 1 TL gehackte Petersilie
- Pfeffer und Salz
- 2 EL Tomatensaft

1. Von der Paprika den Deckel abschneiden und entkernen. (Deckel beiseitelegen)
2. Brot würfeln und in Tomatensaft einweichen.
3. Knoblauch und Zwiebel feinhacken.
4. Mit Rinderhack und Ei verkneten.
5. Petersilie und das Brötchen einarbeiten.
6. Masse in die Paprika geben.
7. Deckel aufsetzen und für 20 Minuten bei 170°C garen.

1 Portion: Kalorien: 320; **Fett:** 17g; **Kohlenhydrate:** 10g;

Ballaststoffe: 2g; **Protein:** 32g

ARABISCHER LAMMEINTOPF

Portionen: 1 - **VORBEREITUNG:** 10 MINUTEN – **ZUBEREITUNG:** 13 MINUTEN

Ein Lammeintopf vereint würzigen Fleischgeschmack mit Gemüse und exotischen Gewürzen.

Zutaten

Anweisungen

180°C Braten

- ½ Zwiebel
- 140g Lammschulter
- 30g Zucchini
- 1 Tomate
- 1 TL gehackte Minze
- 1 TL gehackter Koriander
- 3 Kardamom Kapseln
- 30g Aubergine
- Etwas Anis, Kümmel, Zimt
- 1 Tasse Brühe
- 1 TL Sesamöl, Pfeffer, Salz
- 100g Joghurt

1. Fleisch in Würfel schneiden.
2. Knoblauch und Zwiebel hacken.
3. Zucchini und Auberginen in Scheiben schneiden.
4. Tomaten achteln.
5. Zusammen mit dem Sesamöll in den Garkorb geben und für 5 Minuten bei 180°C braten.
6. Mit Brühe aufgießen.
7. Kräuter und Gewürze dazugeben.
8. Weitere 10 Minuten kochen.
9. Mit Pfeffer und Salz verfeinern und Joghurt dazugeben.
10. 3 Minuten garen.

1 Portion: Kalorien: 380; **Fett:** 24g; **Kohlenhydrate:** 14g;

Ballaststoffe: 2g; **Protein:** 27g

SENF HÜHNERBRUST

Portionen: 4 - VORBEREITUNG: 10 MINUTEN **– ZUBEREITUNG:** 10-15 MINUTEN

Hähnchenbrust ist fettarm, sättigend und passt eigentlich zu optimal zu einer Low Carb Ernährung.

Zutaten

Anweisungen

200°C Braten

- ½ Tasse Kokosmehl
- 1 EL würziger brauner Senf
- 2 geschlagene Eier
- 400g Hühnerbrust
- Pfeffer und Salz

1. Eine dünne Schicht Senf auf die Hühnerbrust verteilen. Fleisch in Mehl und anschließend in das Ei eintauchen.
2. In Fritteuse geben und bei 200°C für 10-15 Minuten braten.
3. Mit Salz und Pfeffer bestreuen.

1 Portion: Kalorien: 146; **Fett:** 5g; **Kohlenhydrate:** 7g;

Ballaststoffe: 0g; **Protein:** 24g

EMPANADAS MIT RIND

Portionen: 8 - VORBEREITUNG: 15 MINUTEN **– ZUBEREITUNG:** 9 MINUTEN

Empanadas gehören zur lateinamerikanischen Küche. Vor allem sind diese bekannt aus Mexiko und Argentinien.

Zutaten

Anweisungen

160°C Backen

- 1 TL Wasser
- 1 Ei
- 400 g Hackfleisch
- 2 Packungen Pizzateig (jeweils 400 g)
- Gewürze nach Belieben
- Etwas Olivenöl

1. Heissluftfritteuse auf 160°C vorheizen und Frittierkorb mit dem Olivenöl einfetten.
2. Hackfleisch mit Geürzen etwas in der Pfanne anddünsten. Nach 3 min Ei hineinschlagen, rühren und zur Seite legen.
3. Pizzateig ausrollen und in ca. 15 cm große Kreise ausstechen.
4. In die Mitte des Teigs jeweils 2 EL Hackfleischmischung legen. Die Ränder mit etwas Wasser befeuchten, Teig zusammenfalten und die Ränder dabei fest andrücken.
5. So viele wie der Frittierkorb fassen kann, Empanadas hereinlegen und bei 160°C 9 Minuten backen.

1 Portion: Kalorien: 189; **Fett:** 5g; **Kohlenhydrate:** 8g;

Ballaststoffe: 2g; **Protein:** 10g

LOW CARB HAMBURGER PATTIES

Portionen: 4 - VORBEREITUNG: 10 MINUTEN **– ZUBEREITUNG:** 12 MINUTEN

Leckere Low Carb Burger sind schnell gemacht. Mit nur 4g Kohlenhydrate pro Portion sind sie perfekt für den Abend und perfekt für Low-Carb Ernährung.

 **Zutaten**

170°C Grillen

- 450g mageres Rinderhackfleisch
- 1 EL getrocknete Petersilie
- ½ EL getrockneter Oregano
- ½ EL Pfeffer und Salz
- ½ TL Knoblauchpulver
- 1 EL Sojasauce

 **Anweisungen**

1. Alle Gewürze zusammen mischen. Rindfleisch in eine Schüssel geben und mit Gewürzen vermischen- nicht zu stark.
2. 4 Hamburgerpatties daraus formen.
3. Für 12 Minuten in der Heissluftfritteuse bei 170°C grillen. Wenden nicht nötig.

1 Portion: Kalorien: 146; **Fett:** 5g; **Kohlenhydrate:** 4g;

Ballaststoffe: 0g; **Protein:** 24g

FAJITAS MIT FLEISCH

Portionen: 8 - VORBEREITUNG: 5 MINUTEN **– ZUBEREITUNG:** 20 MINUTEN

Einen echten Klassiker der Mexikanischen-Küche tischen wir Ihnen mit diesem Low Carb Rezept auf: köstliche Fajitas mit Rind in Tortillas.

 **Zutaten**

190°C Braten

- 1/8 Tasse Steak Gewürz
- 900g Rindfleisch
- ½ Tasse Sprite oder 7up ohne Zucker
- 1 EL Chilipulver
- 1-2 EL Pfeffer
- 1-2 EL Salz
- 2 Paprikaschoten
- 1 Zwiebel
- Mehrere Weizentortillas

 **Anweisungen**

1. Rindfleisch in handliche Stücke schneiden und in Schüssel geben. Fleisch mit Gewürzen einreiben und Getränk übergießen. Über Nacht ruhen lassen und kaltstellen.
2. Backpapier in Garkorb legen und mit Olivenöl einfetten. Rindfleisch darauf geben und bei 190°C für 8-10 Minuten braten. Bei der Hälfte der Garzeit wenden.
3. Fleisch zur Seite stellen und Gemüse in Scheiben schneiden. Gemüse in Garkorb geben und bei 190°C für 10 Minuten kochen.
4. Fleisch und Gemüse auf Tortillas servieren.

1 Portion: Kalorien: 213; **Fett:** 8g; **Kohlenhydrate:** 11g;

Ballaststoffe: 3g; **Protein:** 8g

PARTYREZEPTE

ÜBERBACKENE NACHOS

Portionen: 2 - VORBEREITUNG: 10 MINUTEN **– ZUBEREITUNG:** 10 MINUTEN

An herzhaften Snacks mangelte es der Tex-Mex-Küche noch nie. Besonders gut: mit aromatischem Käse überbackene Nachos

 **Zutaten**

 **Anweisungen**

180°C Backen

- 3 Stängel Petersilie
- 100ml Salsa
- 2 Zwiebeln
- 250g Mais
- 200g Jalapeño
- Pfeffer und Salz
- 500g Nachos

1. Mais und Jalapeño abtropfen.
2. Zwiebel schälen und würfeln.
3. Petersilie hacken.
4. Alles mit Käse vermengen und mit Pfeffer, Salz würzen.
5. Mit den Nacho-Chips in einem Garkorb geben und Käse-Masse verteilen.
6. Bei 180°C für 10 Minuten backen

1 Portion: Kalorien: 277; **Fett:** 17g; **Kohlenhydrate:** 18g; **Ballaststoffe:** 2g; **Protein:** 0g

---

PIZZASUPPE

Portionen: 3 - VORBEREITUNG: 10 MINUTEN **– ZUBEREITUNG:** 5 MINUTEN

Beim Gedanken an eine heiße Pizza mit leckerem Belag läuft Ihnen das Wasser im Mund zusammen? Perfekt: Probieren Sie die italienische Spezialität mal anders

 **Zutaten**

 **Anweisungen**

180°C Kochen

- 150ml Gemüsebrühe
- 200g Schlagsahne
- 250g Champignons
- 1 Knoblauchzehe
- 1 Zwiebel
- Zucker
- Oregano
- Salz und Pfeffer
- 500g passierte Tomaten
- 1 Dose Mais
- 100g Schmelzkäse
- 2 EL Öl

1. Knoblauch und Zwiebel schälen und feinhacken
2. Champignons in Scheiben schneiden
3. Alles mit Öl in einer Pfanne anbraten.
4. Brühe, Sahne und Schmelzkäse unterrühren. Köcheln lassen.
5. Tomaten und Mais hinzufügen und vermischen.
6. Mit Pfeffer, Salz, Zucker und Oregano würzen.
7. Suppe in der Heissluftfritteuse 5 Minuten bei 180°C kochen lassen.

1 Portion: Kalorien: 429; **Fett:** 27g; **Kohlenhydrate:** 10g; **Ballaststoffe:** 1g; **Protein:** 24g

FRUCHTSPIESS PANIERT

Portionen: 1 - VORBEREITUNG: 10 MINUTEN **– ZUBEREITUNG:** 6 MINUTEN

Variieren Sie die Obstsorten nach Lust und Laune. Probieren Sie auch mal Spieße mit Gemüse aus!

Zutaten

180°C Backen

- 2 Erdbeeren
- ½ Mango
- 50ml Milch
- 2 EL Mehl
- 1 Ei
- Etwas Vanillezucker
- 1 TL Zucker
- ¼ Banane

Anweisungen

1. Früchte in gleichgrosse Stücke schneiden und in einen Spieß stecken.
2. Restliche Zutaten zu einem Teig vermengen.
3. Spieß reintauchen.
4. Bei 180°C für 6 Minuten backen.

1 Portion: Kalorien: 256; **Fett:** 7g; **Kohlenhydrate:** 38g;

Ballaststoffe: 1g; **Protein:** 10g

GEBACKENE BANANEN

Portionen 1 - VORBEREITUNG: 10 MINUTEN

ZUBEREITUNG: 6 MINUTEN

Wie beim Asiaten um die Ecke, einfach lecker.

Zutaten

180°C Backen

- 1 Salz
- 1 EL Honig
- 1 Banane
- 2 EL Kokosraspeln

Anweisungen

1. Banane in einen Spieß stechen
2. Salzen und in Honig tauchen. Mit Kokos bestreuen.
3. Für 6 Minuten bei 180°C backen.

1 Portion: Kalorien: 354; **Fett:** 19g; **Kohlenhydrate:** 37g;

Ballaststoffe: 1g; **Protein:** 3g

PANIERTE MOZZARELLA KUGELN

Portionen: 1 - VORBEREITUNG: 10 MINUTEN **– ZUBEREITUNG:** 6 MINUTEN

Als Dip eignet sich Sauerrahm mit Basilikum

Zutaten

200°C Backen

- 1 EL Mehl
- 1 Ei
- 4 EL Paniermehl
- 1 TL Oregano
- 100g Mini Mozzarella Kugeln
- 1 EL Milch

Anweisungen

1. Mozzarella im Mehl bestäuben.
2. Milch mit Ei vermengen und Kugeln darin tauchen.
3. Paniermehl und Oregano in einer weiteren Schüssel vermengen und Mozzarella in die Mischung eintauchen.
4. Nach Belieben Schritt 2 und 3 Wiederholen, für eine dickere Panierung.
5. Bei 200°C für 6 Minuten backen.

1 Portion: Kalorien: 474; **Fett:** 25g; **Kohlenhydrate:** 28g;

Ballaststoffe: 1g; **Protein:** 29g

STRUDEL MIT NÜSSE UND KÄSE

Portionen: 1 - VORBEREITUNG: 10 MINUTEN **– ZUBEREITUNG:** 15 MINUTEN

Herausnehmen und Stücke schneiden. Dazu schmeckt ein grüner Salat

Zutaten

180°C Backen

- 100g Strudelteig
- 20g Avocado
- 1 Eigelb
- 2 EL gehackte Petersilie
- 1 Prise Muskat
- 1 gehackte Chili
- 2 EL gehackte Nüsse
- Pfeffer und Salz

Anweisungen

1. Strudelteig ausrollen und Käse darüber streuen.
2. Restliche Zutaten vermischen und über Käse verteilen.
3. Strudel zusammenrollen.
4. Mit Wasser bestreichen und bei 180°C für 15 Minuten backen.

1 Portion: Kalorien: 730; **Fett:** 47g; **Kohlenhydrate:** 58g;

Ballaststoffe: 1g; **Protein:** 29g

GARNELENSPIESS

Portionen: 1 - VORBEREITUNG: 10 MINUTEN **– ZUBEREITUNG:** 5 MINUTEN

Fruchtige Dips passen zu Garnelenspiesse.

Zutaten

Anweisungen

180°C Backen

- 6 Garnelen ohne Schale
- 6 Stück Mango
- 2 EL Kokosraspeln
- 1 EL Sojasauce

1. Garnelen in Sojasauce marinieren. Mit Kokos bestreuen.
2. Mit Mangos abwechselnd in einen Spieß stechen.
3. Für 5 Minuten bei 180°C garen.

1 Portion: Kalorien: 243; **Fett:** 11g; **Kohlenhydrate:** 10g; **Ballaststoffe:** 1g; **Protein:** 22g

---

DONUTS

Portionen: 4 - VORBEREITUNG: 90 MINUTEN **– ZUBEREITUNG:** 5 MINUTEN

Donuts selbst backen ohne Donutmaker? Das geht! Ob mit Puderzucker, Streuseln oder pur- wir zeigen euch, wie Sie die beliebten Kringel ganz leicht zu Hause in der Heissluftfritteuse backen können!

Zutaten

Anweisungen

160°C Backen

- 100ml Milch
- ½ Trockenhefe
- 50g Zucker
- 225g 405 Weizenmehl
- 25g weiche Butter
- Zucker

1. Milch, Hefe, Mehl und Zucker in einer Schüssel verrühren und für 1 Stunde rasten lassen.
2. Teig ausrollen große Kreise mithilfe von einem Glas ausstechen und mit einem kleinen Ausstecher kleine Löcher in die Kreise machen. Erneut für 30 Minuten ruhen lassen.
3. Mit Butter einfetten und für 5 Minuten bei 160°C backen.
4. Mit Butter bestreichen und mit Zucker servieren.

1 Portion: Kalorien: 280; **Fett:** 17g; **Kohlenhydrate:** 35g; **Ballaststoffe:** 2g; **Protein:** 5g

VANILLEKEKSE

Portionen: 4 - VORBEREITUNG: 7 MINUTEN **– ZUBEREITUNG:** 8 MINUTEN

Einfache Vanille Kekse schmecken besonders in der Weihnachtszeit. Ein Rezept, wenn ihre Kinder backen wollen.

Zutaten

Anweisungen

175°C Backen

- 200g Mehl
- 1 Ei
- 100g Mandeln, zermahlen
- 1 TL Backpulver
- 60g Butter, geschmolzen
- 60g Zucker
- 1 EL Vanillezucker
- 1 Prise Salz

1. Mehl, Zucker, Salz und Backpulver in eine Schüssel geben und alles miteinander verrühren.
2. Butter schmelzen und mit Ei verquirlen. Mischung zur Mehlmischung dazugeben.
3. Zu einem geschmeidigen Teig verkneten.
4. Teig ausrollen und mit einer gewünschten Form ausstechen.
5. Kekse mit gemahlenen Mandeln bestreuen.
6. Für 8 Minuten bei 175°C backen.

1 Portion: Kalorien: 30; **Fett:** 18g; **Kohlenhydrate:** 45g; **Ballaststoffe:** 1g; **Protein:** 4g

---

APFELCHIPS

Portionen: 1 - VORBEREITUNG: 10 MINUTEN **– ZUBEREITUNG:** 120 MINUTEN

Wer Äpfel mag, wird Apfelchips lieben! Die hauchdünnen Scheiben sind ein prima Snack für zwischendurch, praktisch zum Mitnehmen und gesund obendrein!

Zutaten

Anweisungen

85°C Backen

- 1 Apfel
- 1 EL Zitronensaft

1. Apfel vierteln und vom Kern entfernen. Nach Bedarf schälen und in Scheiben hobeln.
2. Bei 85°C backen. Für 3 x 40 min. Dazwischen jeweils durchschütteln und eine 30-minütige Pause machen.

1 Portion: Kalorien: 60; **Fett:** 0,4g; **Kohlenhydrate:** 15g; **Ballaststoffe:** 4g; **Protein:** 0,4g

FRITTIERTER SNICKERS

Portionen: 2 - **VORBEREITUNG:** 20 MINUTEN – **ZUBEREITUNG:** 10 MINUTEN

Den Snickers-Riegel können Sie natürlich nach Wunsch durch andere Riegel wie z.B. Mars oder Twix ersetzen.

 **Zutaten**

200°C Backen

- 5 Snickers
- 2 TL Backpulver
- 135g Weizenmehl
- 1 TL Sonnenblumenöl
- 100ml Wasser
- 1 Ei
- Prise Salz
- 5g Zucker

 **Anweisungen**

1. Snickers für 15 Minuten tiefkühlen lassen.

2. Währenddessen Mehl in eine Schüssel geben und mit Zucker sowie Wasser mischen. Eier in einer separaten Schüssel verquirlen und in Mischung einrühren. Backpulver und Salz ergänzen und zu einem Teig verkneten.

3. Snickers in den Teig von allen Seiten wenden, bis alle Riegel gut bedeckt sind.

4. Garkorb mit etwas Sonnenblumenöl einfetten und Riegel einfügen. Für 10 Minuten bei 200°C backen.

1 Portion: Kalorien: 421; **Fett:** 21g; **Kohlenhydrate:** 48g;

Ballaststoffe: 3g; **Protein:** 12g

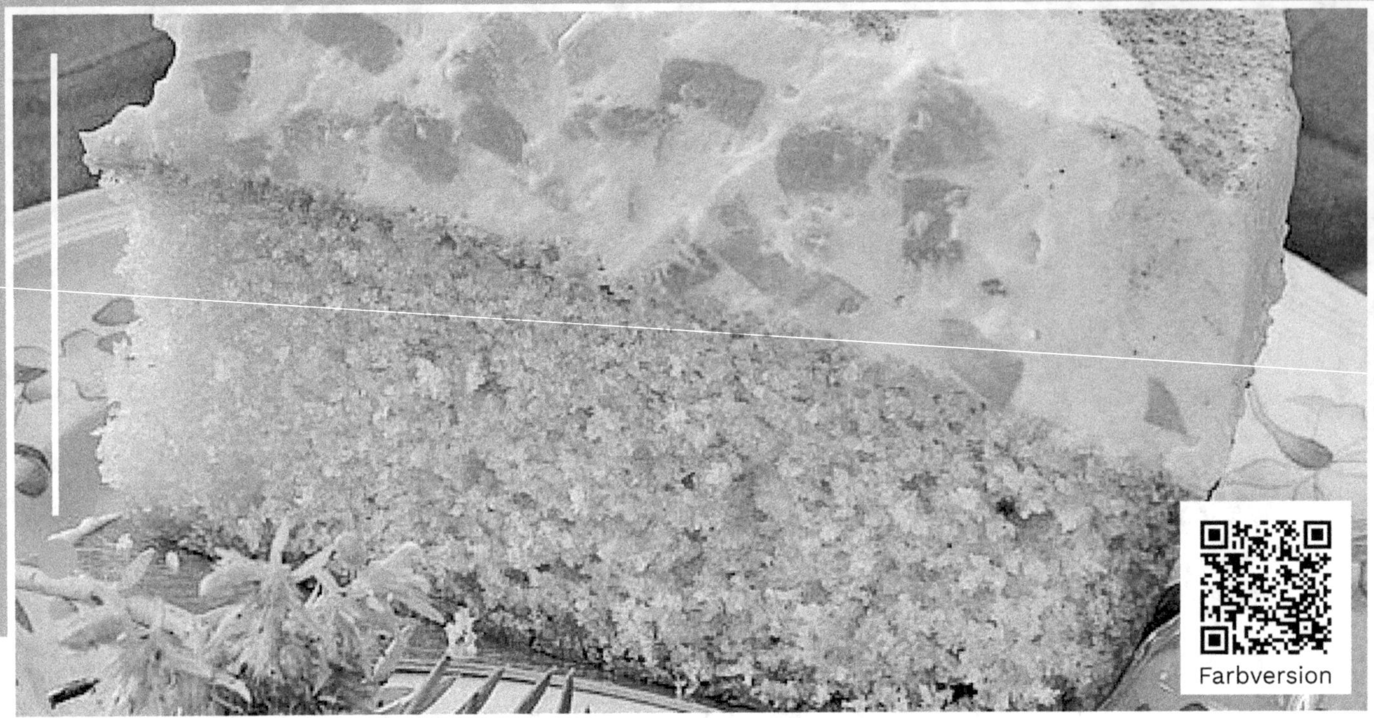

FANTAKUCHEN

Portionen: 4 - **VORBEREITUNG:** 15 MINUTEN – **ZUBEREITUNG:** 25 MINUTEN

Wenn Ihr Euren Kindern eine Freude machen wollt, ist Fantakuchen genau das Richtige

 ## Zutaten

 ## Anweisungen

160°C Backen

- 1 TL Backpulver
- 60g Zucker
- 60g Mehl
- 1 Pckg. Vanillezucker
- 3 EL Erdnussöl
- 1 Ei
- 4 EL Orangenlimonade
- ½ Dose Pfirsiche
- 200ml Sahne
- 3 Pckg. Vanillezucker
- 1 Becher Schmand
- 1 Pckg Sahnesteif

1. Ei, Öl, Zucker, eine Pckg. Vanillezucker in eine Schüssel geben und verrühren, bis sich eine helle Creme bildet. Mehl mit Backpulver vermischen und zur Schüssel hinzufügen.

2. Limonade dazugeben und alles gründlich miteinander vermischen.

3. Backform bzw. Garkorb einfetten und Kuchen bei 160°C für 25 Minuten backen.

4. Küchen auf Küchengitter auskühlen.

5. Währenddessen Sahne mit eine Pckg. Vanillezucker und Sahnesteif steif schlagen.

6. Pfirsiche aus Dose nehmen und abtropfen lassen. In kleine Würfel schneiden.

7. Letzte Pckg. Vanillezucker mit Schmand verrühren und Pfirsiche unterrühren.

8. Sahne unterheben und auf Kochen verteilen.

9. Mit Zimt und Zucker bestreuen und für 2 Stunden kaltstellen

1 Portion: Kalorien: 336; **Fett:** 13g; **Kohlenhydrate:** 47g;   **Ballaststoffe:** 1g; **Protein:** 7g

SCHLUSSWORT

<u>Wir möchten uns bei Ihnen für das Lesen bedanken und hoffen Ihnen mit unseren Rezeptideen und Inspirationen geholfen zu haben.</u>

Falls Ihnen das Buch gefallen hat, würden wir uns freuen, wenn Sie uns über Amazon eine gute Bewertung hinterlassen.

Wie versprochen der Link für die PDF-Version. Geben Sie diese einfach im Browser ein: shorturl.at/kzMY8 oder scannen Sie diesen QR-Code.

Den Link für die Bilder, welche nach Seitenzahlen beschriftet sind, finden Sie dann hier: https://lmy.de/xwceR

Sollten Sie Anregungen oder Verbesserungsvorschläge haben, können Sie uns jederzeit unter der E-Mail-Adresse: kontakt@cookforfun.de kontaktieren. Wir werden uns innerhalb von 12h bei Ihnen melden.

XXL HEISSLUFTFRITTEUSE REZEPTBUCH #2022

Impressum:

Autoren: Mahmoud Abubaker, Ekrem Gülönü

E-Mail: kontakt@cookforfun.de

Verlag: Amazon Europe in Luxemburg